U0618784

盛世囚徒李世民

吴晶 著

浙江大学出版社
ZHEJIANG UNIVERSITY PRESS

目 录

第一章
一生的阴影

第二章
权力的困惑

第三章
君臣互掐

第四章
高超的平衡

第五章
新格局

就成了这个帝国理所应当的法定继承人,而我却要在他的身后亦步亦趋?

第六章
死 穴

第七章
以"囚徒"收场

第一章

一生的阴影

李世民与李建成

帝王学，是一门深不可测的学问。李世民的太子李承乾有其父为他苦心撰写的帝王学教材——《帝范》。而这个年纪的李世民正在干什么呢？他在疆场上出生入死地打天下。

然而，学校总是有的，老师也无处不在。就看自己有没有这个天赋和观察能力了。李世民的第一所学校在战场；而第二所学校，则在大唐的朝堂之上。做皇帝，李世民的第一位老师是表叔隋炀帝；第二位老师，就是李世民的父亲李渊。

说起来，李渊很委屈。这么长时间以来，他一直都被世人看做碌碌无为、坐享其成的典型。可不是吗？他以炀帝表兄、封疆大吏的雄厚资本起家，在举事后便一直坐镇长安宫城之中，依靠几个儿子和众多将领浴血搏杀，才得到了这江山。他为之付出过什么呢？

其实，也许只有李世民才知道李渊的委屈。为了表明自己才是继承皇位的最佳人选，李世民不得不在史书中抹去了唐高祖当年的诸多功绩，但唐太宗心里恐怕一清二楚。在短短一年的时间里，李渊便由卫尉少卿、太原留

守一跃而成为大唐的天子,唐高祖的城府实际上深不可测,韬晦不同凡响。在李世民和刘文静还傻乎乎地一腔热血地劝说他举兵之时,唐高祖早就不动声色地做了种种安排。在李世民于前方厮杀征战的时候,他通过各种策略和手段稳住了突厥人、李密等一个又一个强敌,为李世民赢取了时间。在天下终归一统的时候,他又主持修订了一系列法律和政令,使局势能够得到初步稳定。可以说,没有唐高祖,李唐皇室这条巨船在下海之初就缺乏一个老谋深算的掌舵者。

唐高祖之所以长期受到人们的忽视,还有一个重要的原因——他太精于平衡之术了。

平衡术,本来是帝王的必备法宝。做皇帝的,自然都喜欢手底下的人心往一处想,劲往一处使。然而,朝堂上这几百号人,各有各的兴趣好尚,各有各的志向原则,也各有各的利益考量。很显然,要想把他们都动员起来为己所用,就得尽量照顾到每个人,在他们中间调和、调和、再调和。剑走偏锋的极端行为一定会让皇帝变成真正的"孤家寡人"。而在这一点上,唐高祖拿捏得很好。他手下汇集了来自四面八方的精英人才。这些人才有着种种区别,有关中与关东的区别;有自太原就跟随李渊的从龙之士与来自隋朝、义军的归降者的区别;还有高门大族与地方豪强的区别;更有武将与文臣的区别。而唐高祖硬是能将这些人捏合到一块儿,为他效忠,为他出力。就这一点,恐怕连李世民也会暗自佩服。

这项本领,正是李渊在隋朝多年为官修炼出来的。在外人看来,李家出自于名门贵胄,又是先朝皇帝的至亲,可谓荣宠备至。而真实的情况,却是如鱼饮水,冷暖自知。

隋炀帝封的这个官,不好做;隋炀帝的这个亲戚,也不好当!李渊因为自己的门第和名望,早就遭到了这位嫉贤妒能的表兄的猜忌。特别是当"十八子主神器"的谣言出现在朝堂之上时,李渊的日子,真可以说是如履薄冰。有一次,炀帝下诏让李渊去行宫晋见他,李渊因病未能前往。炀帝便疑神疑鬼地猜测李渊是因为图谋不轨而不敢前来,于是,他找到李渊的外甥女——自己的妃子王氏,质问她李渊为何不来朝见。

王氏小心翼翼地回答:"确实是因为生病了。"

隋炀帝脸一沉,冷酷地甩出几个字:"会死吗?"

寥寥数字,便可以窥出他心中的无限不满与猜忌。是的,他巴不得李渊早点死掉,甚至有好几次都动了杀心。在这样的情况下,李渊只好小心翼翼地与他周旋,与他身边的宠臣心腹周旋,甚至在外派出京为官,做了镇守一方的封疆大吏之后,还得处心积虑地与隋炀帝安插在自己身边的监视者周旋。

长期这样的生活,使李渊形成了这样的心理定势:哪怕是面对自己的臣下,也像走钢丝一般,尽可能地在他们之中求得平衡,而对于自己心目中越为看重的人,就越是如此。

谁是李渊最为看重的人?自然是李世民和李建成。

于公,李世民和李建成是他开创帝业最为得力的助手;于私,这两兄弟又是他最为疼爱的至亲骨肉。他俩之间哪怕是一点小小的摩擦和裂痕都足以让李渊为之揪心。因此,李渊的平衡术,在这兄弟二人身上用得最多。

李世民是太原起兵的首倡者和发动者,也是日后为大唐冲锋陷阵的指挥官。到武德四年(621年)李世民一举平定王世充、窦建德之后,已经形成了功高不赏的局面。当李世民凯旋回京时,李渊亲自下诏称,因为原有的官职已经配不上李世民立下的功勋,所以特地设立了一个比亲王爵位还要高贵的职位——天策上将,以奖励李世民为大唐所作的贡献。另外,还兼领司徒、陕东道大行台尚书令,可以自行开府设官,甚至可以自己开炉铸钱。

　　如此巨大的恩宠，真可谓是一人之下万人之上了吧？不过，这又把李世民的哥哥，当时理所当然的皇储李建成置于何地呢？

　　李渊离不开李世民，尽管他深谙韬略，但冲锋陷阵、跃马杀敌并非其所长，也不是他的兴趣所在。然而面对当时强敌环伺的疆场，必须有一个能够信得过的军事强人来挑起这一重担，李世民无疑是最好的人选。

　　在攻入长安城之后，李建成的身份也就被定位了。他必须以皇储的身份留守京城，学习怎样处理政事，做一个好皇帝。而李世民的任务，则是为国家开疆辟土，好让李渊的龙椅坐得更为稳固一些。

　　为父亲出生入死，是李世民的本分。然而，为了自己的兄长，未来的皇帝李建成去搏命不息，李世民真的心甘情愿吗？

　　天策上将，其实李世民不稀罕；开府选官、开炉铸钱，李世民也不稀罕。因为父亲早就私下向李世民许诺："好好干，将来李家的天下是你的！"

　　那个时候，局势还凶险万端。武德元年（618年）的时候，薛举父子就曾大败李世民军，一度在关陇地区造成了严重威胁。是李世民在多次苦战之下，打垮并消灭了薛家势力。

　　武德二年（619年），刘武周在突厥人的支持下攻占晋阳（今山西太原），李渊在惊惶之中，甚至要弃河东而自守。又是李世民坚请出兵，在敌众我寡的局面下将刘武周打得一蹶不振，最后落魄地死在异域。

　　武德三年（620年），在与王世充和窦建德双雄的对决之中，战事一度陷入僵持状态，李渊忧心忡忡，下令暂时退兵以图后举。还是李世民拒不退兵，在虎牢关苦战数日，一举荡平这两大对头。从此长安以东，再无强敌矣！

　　没有李世民，也许李渊只能局促关中一隅，做一个守成皇帝，重演昔日北齐北周对峙的格局。

　　李渊正是看到了这一点，所以才会屡屡用立李世民为帝的承诺来激发李世民的斗志。也许在最初的时候，这些承诺确实是发自李渊的真心。然而自打进了长安城之后,李世民常年在外指挥战争,与李渊的沟通越来越少。反而很早便离开李渊、留守京城的大哥李建成时常在李渊面前出现。李渊心中的那一架天平,也就逐渐发生了倾斜。

论法理,李建成是嫡长子,是理所当然的储君。论才干,平心而论,他打天下不如李世民,但要说守天下,还是可以胜任的。

最为重要的是,李建成在李渊面前,表现得谨慎小心,规行矩步。而李世民却屡屡用将在外君命有所不受的道理来抗颜犯上,好几次让李渊下不了台。封德彝就曾偷偷在李渊面前说李世民的坏话:"秦王仗着功高盖世,不会甘心向太子俯首帖耳的。"

看着暗中使坏的封德彝,李渊摇着头说道:"李世民这个儿子啊,长期在外领兵打仗,养成了说一不二的习惯。谁的话他都不听,再加上老是有些读书人给他出馊主意,教坏他。唉,他早已经不是当年那个李世民了!"

那个时候,李世民还是一个多少有点骄纵的热血青年,做事不计后果,等他醒悟过来的时候,很多事情似乎已经无法扭转了。

李渊当时也面临着难题。他没有想到,几乎仅凭李世民一人之力,便奠定了大唐过半的国土。要论迭克强敌,力挽狂澜,无人能出李世民之右。李靖讨平割据南方的萧铣可算立下大功,然而萧铣不过自守之贼而已;李建成后来扑灭窦氏余烬刘黑闼,也给他原本不多的军事生涯增添了几分光彩。然而当时对方大势已去,不过苟延残喘而已,焉能与李世民所消灭的强敌如薛举、刘武周、王世充、窦建德等相提并论?!

这个时候,李渊所用的平衡术开始出现了问题。在当时的情况下,李世民和李建成的感情已经出现了微妙的变化,而这立刻反映在了朝堂之上,在他们各自的追随者中引起了一连串的连锁反应。原来李渊费尽苦心维系的平衡局面业已变得摇摇欲坠,危机一触即发。

　　在这样紧要的关头,李渊是怎么做的呢?

　　他继续对李世民施以安抚之术,继续用一个又一个美丽诺言来羁縻李世民那即将要跳出胸膛的勃勃雄心。而最后一次,李渊给了李世民希望,又将它狠狠踩碎是发生在武德六年(623年)的杨文干事件。

　　当时,李渊带着李世民和齐王李元吉前往仁智宫避暑,李建成则在京城留守。没想到,就在这个时候,庆州都督杨文干起兵谋反了!

　　事情的起因是这样的,李建成为了防备李世民,暗中招募来自长安和各地的骁勇两千多人护卫东宫,分别守卫东宫左右的长林门,这就是所谓的"长林兵"。杨文干曾经在李建成手下效力,二人关系密切,李建成就趁李渊和李世民都不在京城的时候,偷偷令杨文干选送一些精锐士卒来京师。没想到此事被人揭发,杨文干在担忧之下,干脆举兵反叛。

　　变起突然,李渊一时也非常惊慌,毕竟庆阳是随时可以威胁到长安的肘腋之地。另外,他也不是没有考虑过此事若是李建成迫不及待地在抢班夺权,那就不是杨文干谋反那么简单了。于是他的第一反应是让李世民前去平叛。

　　对此,李世民倒不以为然:"杨文干何足挂齿,随便什么人去都能平定他。"

　　李渊摇摇头:"若此事真与建成有瓜葛,还是你去最好。回来后,朕就改立你为太子。"但李渊也不会效仿隋文帝那样诛杀自己的骨肉,李渊只打算将李建成改封到蜀地。那里地处僻远,即便他以后有什么二心,也好对付。

　　没想到,李世民平叛归来,得到的却是李渊的食言而肥。一场剧变就这样表面风平浪静地结束了,大家又暂时相安无事起来。

　　在杨文干事件之后,李渊仍然在对李世民重复着那个废黜李建成的诺言。最后,直到李建成即位已成为不争的事实时,李渊还幻想着通过给予李世民建天子旌旗,在洛阳开府自立的优待来平息这场兄弟间的纷争。

也许李渊以为,他可以通过这样的手法驾驭住李世民这个桀骜不驯、才干过人的儿子。然而他错了,在国家和社稷面前,他和李世民首先是君臣,然后才是父子。当君臣间平衡的格局被打破,做君主的就要毫不迟疑地将祸患扼杀在摇篮之中,以迅雷不及掩耳之势除旧布新,建立新的格局。在李世民治下,无论是对刘洎,还是对侯君集等人,他都是这么做的。如果有人说他们只不过是李世民的臣下,而不是他的至亲骨肉,因而无法跟李渊所面对的两难格局相提并论的话,那么李世民可以立刻告诉他,同样面对接班人的困局,自己以决绝的手腕废黜太子承乾、贬斥魏王李泰、发配吴王李恪,都没有一丝一毫的拖泥带水。

而李渊恰恰就受累于将平衡术发挥过了头,变成了优柔寡断的妇人之仁。这可以说是后面一切悲剧的根源。每当他向李世民勾画那个美好的景象时,李世民都会为了这个远在天边的梦想和目标而奋力搏杀。李世民为之付出了太多。而每一次付出之后,李渊总是会犹豫着告诉李世民:"再加把劲,你做得还不够。不过,只要再多付出那么一点点,天下就是你的了。"

当有一天李世民终于明白,那近在咫尺的皇位跟自己没有任何关系的时候,他的心情有谁能够理解呢?

李世民之前所为之付出的一切,都成了泡影。在李世民胸中,一种强烈的冲动正在翻涌——一定要拿回那本该属于自己的东西,不能让自己这么多年的心血付诸东流,哪怕是孤注一掷也好。

一千多年后的今天,人们给李世民这种心理起了一个拗口的称呼,叫"沉没成本效应"——人们为过去想要获得的某种东西付出了大量的成本,那么,当他们发现这一目标越来越难以实现的时候,会顽固地否认自己过去所作出的错误决定,并且甘愿冒更大的风险来弥补这种损失。这正是民间所谓的"一条道走到黑"。这一效应提醒那些做皇帝的,第一,不要随随便便

向臣下一而再再而三地许下自己不打算兑现的承诺;第二,不要勉强维系一个旧有的摇摇欲坠的平衡局面,而要拿出不破不立的决心和魄力!

不过,这都是李世民后来总结出的经验了。在当时,玄武门之变,就此拉开帷幕!

决　心

后世很多人会有这样的错觉，玄武门之变，等待的只是李世民的一个决心而已，至于政变的可行性和操作细节，那还会成为难题吗？所谓政变，拼的不过就是双方的军事实力和人才而已。论军事实力，李世民屡建战功，天下归心，朝堂上有名的武将都出于李世民麾下。论人才，李世民手下的秦王府文学馆和十八学士更是无人不知。有这么一帮谋臣勇将，还愁政变不成功吗？

事实上，这种看法真是大错特错。要知道，玄武门之变对李世民来说，比以往的任何一场战役都来得凶险，赢得侥幸。

首先，看双方的军事力量。要知道，唐承隋制，采取的是寓兵于农的府兵制度。平时，士兵们都在自己的屯种之地进行农业生产活动，并进行日常军训，一旦战事爆发，则由朝廷征召上前线效力，战事平息之后，所有的士兵便重返各地军府，而领兵大将则归于卫，再无权调动一兵一卒。这也就是说，不管是李建成利用他的太子之尊，还是李世民利用昔日在军中的威信声望，都没有可能直接调动军队。

那么真有突发情况的时候怎么办呢？这就只有在平日里加紧蓄积私兵了。李世民的秦王府私下招募了八百多名勇士。而东宫和齐王府的力量加在一起，有数千人之多，兵力远胜于李世民。

武力上稍逊一筹，文治上又如何呢？大家都知道文学馆十八学士，李世民就是以此为聚集政治人才和文士的大本营，暗中为将来走上前台治理国政打下基础。一时间，可以说是群贤云集、四方归心，海内的名士都以能够进入这个文学馆为自己最大的荣誉。

不过，其作用也仅止于此了。像密谋政变这种事，难道李世民能跟这十

八个人一一细商吗？所谓谋夫孔多，是用不集。能够保守秘密，又能替李世民出谋划策的，环顾左右，也就只有长孙无忌、房玄龄、杜如晦等寥寥数人而已。其他的不少文士，若谈经论道，也许是一把好手，但是要关起门来搞奇谋密策，可就指望不上了。

而李建成那边如何呢？他虽然在设馆招贤这方面没有李世民的声势大，但这并不代表他手下就缺乏人才。毕竟，太子身份的号召力就足以顶得上五个秦王府文学馆了。在这一点上，李世民只能望其项背。论地位，李建成是将来的人君；论实际影响力，每当李渊外出巡游时，总是李建成镇守京城。但凡热衷于功名富贵之辈，或是立志要干下一番大业的贤才，不投向太子的怀抱，还能投向谁呢？

这就是名位，这就是所谓的名正言顺。李建成正是因为有了这个名位，才有了在李世民之上的政治动员能力。而李世民建文学馆，只不过是为了同样营造出一种"名位"来与他抗衡。可惜的是，在名位上，李世民仍然稍逊一筹。看看太子手下的文臣们，多半都已经跻身于朝堂上的各个关键部门之中。再看看李世民手下的文臣们，在官场中一无身份，二无地位，只不过是以秦王府僚属的身份参与政治而已，二者自然不可同日而语。

在第一回合的较量中，不管是政治资源还是军事实力，李世民都落在了下风。难怪李建成曾经大言不惭地放出了这样的话："如果把秦王控制在京师，他不过是一介匹夫，要摆平他易如反掌！"

那么再来对比一下各自手中的王牌，结果又会如何呢？

文臣班底中，李世民的核心幕僚除长孙无忌之外，就数房、杜二人。这两个人的赫赫声名其实都是玄武门之变之后才奠定起来的。在那个凭拳头论高下的乱世之中，就连李世民府中像程知节这样的二流将领在一般人的心目中也要胜过他们。

拿房玄龄来说吧，在此前他做出过哪些让世人熟知的功绩呢？其实，房玄龄的奏章写得特别好。有一次在外征战的李世民派他去向李渊汇报工作，经他生花妙舌润色的奏章，使得李渊激赏不已，连声说就好像自己亲眼看到了李世民在前线的英姿一样。

另外在为李世民网罗人才方面，房玄龄可谓劳苦功高。每一次新攻占一个地方，大家都忙着抢夺金银珠宝，唯独房玄龄留心寻访人才，搜集地图和户籍资料。在这方面，房玄龄展示出了过人的组织才干。李世民能迅速地布起一张人才网与李建成分庭抗礼，房玄龄可以说功不可没。

当然，这背后与李世民的大力支持和拥有的特殊地位是分不开的。首先，李世民对人才的渴求和礼贤下士的作风可谓海内尽知。其次，李世民的天策府有着自己封官纳士的特权，虽说论起名分和前途不一定比得上太子府，但也算得上是当时众望所归的智囊储备机构了。房玄龄在这样的背景下工作，需要的仅仅是勤勉和细致而已。

我们再来看看李建成手下都有谁。李纲、王珪、魏徵、韦挺……这些人或是在当时的朝堂上名震一时，或是在背地里纵横捭阖，总之，都不是好对付的主。别的人不说，光说这个魏徵，他虽然名望不显，却是李世民最为忌惮的人物之一。他首次出现在大唐的政治舞台上，是因为说服李世绩前来归降而立下不世之勋。要知道，那个时候的李世绩所统领的李密残余势力正好横亘在王世充和窦建德之间。他的投降，使李世民不战而得一支生力军。虽然后来李世绩被窦建德打败，魏徵也落到窦的手上，但他几乎是立刻便得到了窦建德的重用。窦建德败亡之后，魏徵又被李建成以心腹之礼延聘过去。在李建成手底下的时候，他小试牛刀，便使得在河北屡扑屡起的刘黑闼身死国灭。这样的人，怎么能让李世民不小心戒备呢。更何况，李世民早就听说他多次劝李建成先下手为强，尽快消除李世民这个"隐患"。倘若这个魏徵再突然使出什么怪招来，李世民是防不胜防。

不过,魏徵也有一个非常明显的不足。他这个人喜欢单打独斗,只满足于做几个臣僚的首领而已。这就决定了他只能以自己的意见和智谋去影响李建成,然而智谋计策能否实行,就完全要看李建成的想法了。

而房玄龄和杜如晦呢?虽然他们在外人看来表现平平,也没有立下什么惊天动地的功业,但要发动一场出奇制胜的政变,非得依靠这"房谋杜断"不可。所谓"房谋",就是说房玄龄考虑问题谨慎周密,主意多多,这是谋划政变的先决能力;"杜断",说的则是杜如晦这个人做事情如快刀斩乱麻一般果决干脆,这正是落实政变的必备素质!他们二人组合在一起,是李世民所能找到的最佳搭档。

人才有的时候不一定要求精求全,关键在于你懂不懂得为了某个特定的目的将他们组合,达到一加一大于二的效果。这就好比下象棋,哪怕你手中只有几枚普通的过河卒子,只要精心组织,策略得当,也能收到直捣黄龙的奇效!

棋子已经尽数备下,接下来,就是考验李世民和李建成布局功力的时候了!

困　局

大家目的一致，可选的策略却大不相同。

首先说李建成，他的布局考量可谓是立足中枢，包围地方；以守为攻，以迂为直。

简单说起来，就是以坚定李渊的态度为一切工作的基点，同时在中枢政坛上利用自己的太子地位，将尽可能多的朝臣拉拢到自己一方。在地方上，对封疆大吏采取分而治之的手法，一步一步壮大自己，削弱李世民。

在中央，李建成占有先天的优势，他并不操心，因此李建成最为在意的，是地方诸侯的反应。早在他之前，李世民就已经利用自己长期在河南地区作战的经历，以及曾担任过陕东道行台尚书令的身份在这里开始布局了。洛阳地势险要，乃天下中枢，同时又毗邻关中，一旦有变，这里进可攻，退可守。精通围棋之理的李世民自然要力争此地，他先是派出老部下张亮前往洛阳，以这里为根据地，用金珠财宝招纳山东地区的豪杰为李世民所用；再命智略过人的老资格温大雅镇守洛阳，并授予他可根据实际情况自行裁夺的大权，将洛阳经营成铁板一块。

李世民下出一子，李建成自然要回敬一子。他将这一手棋下在了幽州。棋盘上的棋子，一个叫罗艺，一个叫李瑗。

罗艺乃将门之后，长期在隋朝统兵作战。隋朝末年，他看准时机举兵自立，号称幽州总管，成了割据东北的一大势力。当时的各方诸侯都对这位罗总管礼让有加，最后经过反复考虑，这位罗总管选择了远交近攻的策略，投归李渊旗下。说起来，李渊待他不薄，立刻便赐姓李，封为燕郡王。而这位李艺李郡王倒是也能投桃报李。李世民能在武德四年（621年）战胜窦建德，后来又讨平刘黑闼，很大程度上有赖于李艺在幽州对他们的牵制扰袭。

李瑷本是李渊从兄之子，算得上是宗室，武德元年被封为庐江王，后来一直做到幽州大都督，镇守一方。李瑷这个人的才干智略本属平常，不过，其手下领兵大将王君廓却是个不可轻忽的家伙。这是后话。

这两位郡王看上去似乎算不得什么了不起的人物，然而要知道，他们手下所掌管的兵马，加起来将近十万人！

十万人，这是什么概念？这大约是当时大唐总军力的四分之一。这样两位大爷，李世民能掉以轻心吗？

不能！然而，他们已经被李建成给拉了过去。燕郡王李艺统领四万天节军驻守泾州，庐江王李瑷带领五万大军驻守幽州，从四面八方对洛阳形成合围之势。这个部署，是在李渊决策将李世民分封在洛阳之时就已安排下的一手棋。将来就算李世民有什么异动，只要李建成能堵住函谷关，再加上李艺、李瑷的这两路人马南下，李世民苦心经营的金城汤池就会变成瓮中之鳖，前景可谓十分不妙。

不但如此，李建成还利用与李艺他们的友好关系，以及自己出马平定刘黑闼的时机，加紧在山东地区布局，同时还把手逐渐伸到了李世民的河南地盘。根据李世民的情报，李艺为李建成提供了数百名训练精锐的幽州突骑，组成了东宫屯戍卫队中一支可怕的力量。

洛阳、幽州和并州，这是当时地方上的要地。那么其他地方上，李世民兄弟二人的势力分布又如何呢？当时的陇西和益州可以为李世民所用，而太行道兵马总管任瑰则是太子的人。摊开地图来看的话，李世民凭借中原、陇西和益州三地将坐守关中的李建成牢牢包围了起来。而李建成又依靠自己在关中和幽州、益州的势力把李世民的关东地区夹在中间。真可谓是层层叠叠，纠缠不清。整个棋盘下成了僵局。

要打破僵局，李世民很自然地把目光投向了另外三个关键性的人物：管辖并州、青州和徐州地区的李世绩，以及东南道的实权人物李孝恭和李靖。这个东南道囊括了长江以南的所有地区，掌握着二十万大军。他们的立场可谓举足轻重，正像当初蒯通为韩信分析局势时所说的那样："您要是左袒，则左胜，右袒，则右胜！天下的命运就掌握在您的手中了！"

李世民的命运，难道就掌握在这几人手中吗？他们两人都算得上是李世民的老部下，李世民于李靖甚至还有救命之恩。在今天这样一个关键时刻，他们应该会站到李世民这一边吧？

然而李世民错了！面对李世民的试探和拉拢，李靖和李世绩都表示出了极其审慎的态度：这是您自个儿的家事，我们两不相帮就行了，千万别把我们搅到这趟浑水里去！

事态一下子变得严峻起来。就算李靖和李世绩保持中立，可是李孝恭呢？这位赵王眼下可是跟李建成走得很近。倘若他在关键时刻倒向李建成，那整个棋盘的均衡局面就会被彻底打破！

从地方上的实力对比来看，一时犬牙交错，互相奈何不得对方。于是，大家还是将目光重新收回到朝堂上来。

在当时的三省六部之中，吏部尚书杨恭仁和民部尚书裴矩等都是李建成的人，只有一个遥领兵部的屈突通可以划归李世民的门下。因为李建成长期监理国政的缘故，可以说在六部之下布满了他的亲信故旧，李世民完全处于下风。

那么在六部之上，宰相层级的那些人呢？武德年间的四大宰相之中，萧瑀和陈叔达倒是倾向于李世民。至于封德彝，李世民一度天真地以为他是自己人，后来才知道，这个老滑头早就倒向了李建成一方。裴寂则是太子的铁杆支持者。

最为保守的估计是二对二，甚至在当时的李世民看来，应该是三对一。

这样看来勉强能在宰相这个层面上胜出,再不济,好歹也能打一个平手吧?

这么想就大错特错了!要知道裴寂是一个什么样的人物?在李世民、李渊的面前,一个裴寂能顶十个萧瑀、陈叔达。李世民、李渊对他的话向来是言听计从,信赖有加。

只可惜,这样关键的一个人,李世民因为刘文静的事和他彻底闹翻了,再也没有挽回的余地。

刘文静是李世民最好的朋友,也是最早提议通过裴寂说服李渊反隋的大功臣。他跟裴寂本来也是朋友,不过在取得天下后,两个好朋友迅速因为争宠夺权而分道扬镳。有一天,刘文静在酩酊大醉后喊出了"一定要杀死裴寂"的醉话。没想到,醉话流传出去,再经过裴寂一番精心的发挥,就变成刘文静要造李渊的反了。

开国功臣,李世民的密友刘文静就这样糊里糊涂地以谋反罪被诛杀。李世民心中又怎么可能咽得下这口气?裴寂自然也知道这一点。要是李世民当上皇帝,他肯定没有好果子吃。

也就是说,在中央朝堂这个层面,李建成暂时赢得了压倒性的优势。

这局残酷的对弈还在继续,战火已经延烧到了后宫之中。大家都争相通过李渊的亲信大臣和最为宠爱的妃子来试图左右他的意见。每当想起这些,李世民都会感到十分心寒。

也怪不得他心寒,当年那个一心望子成龙,无时无刻不在培养教诲儿子的李渊去了哪里?而当年那个不顾生死性命,一心要保护李渊不受奸臣昏君暗算的热血少年又去了哪里?从什么时候开始,父子之间竟然需要一群外人来沟通感情,传达心意?

无奈归无奈,事情还得继续做。后世广为流传的是,李建成利用坐守京城的优势,跟后宫嫔妃们的关系十分密切。而李世民却铁面无私,常常毫不留情地拒绝这些妃子的索要请托,故自然在她们那里讨不了好。而李渊对李世民的观感一天天恶劣起来,跟这个有很大的关系。

果真如此吗?其实,李建成在做的事,李世民同样也在做。每次班师回朝,李世民都会带着在外虏获的战利品去后宫走动,借以争取她们的支持。别忘了,李世民还有一个贤内助——长孙皇后,凭借着她那低调温和的行事作风,又有谁不喜欢她呢?

可惜,因为一件小事没办漂亮,在李渊面前最有分量的妃子,完全倒向了太子一边。这位妃子,就是张婕妤。

当时的大唐除了李渊外,李世民和李建成在日常行政上都有发号施令的权力。这样的混乱局面一时间搞得大家莫衷一是,谁也得罪不起。怎么办呢?大家只好想出了一个折中的办法,就是以他们下达旨令的先后顺序为凭。谁先下令就听谁的。李渊的旨意叫做"诏敕",李建成的叫做"令",而李世民的命令则叫做"教"。一次,李世民因为淮安王李神通所立下的军功而赏给了他数十顷良田。没想到,这块地被张婕妤的父亲给看上了。仗着自己在李渊面前的特殊地位,张婕妤非要李渊下敕将土地转让给她父亲不可。秦王教在前,皇上诏敕在后。按照往常的规矩,李神通当然不会买这个账。不过这样一来,李世民与李建成在后宫中的力量对比发生了根本性的逆转。

总而言之,在玄武门之变之前,李世民与李建成的力量对比大致就是如此。无论是在军事上,还是朝堂和后宫之中,李世民都没有建立起可靠的优势。唯一凌驾于李建成之上的,就是他在秦王府中汇集了一批冲锋陷阵的猛将型人才。这其中,就有鼎鼎大名的秦叔宝、程咬金,更有号称天下第一猛将的尉迟敬德。要论指挥大兵团作战,他们不一定是上佳人选,但要是狭路相逢,这几个猛将可以以一敌百,万夫莫开!

这样的态势,决定了李世民和李建成采取了完全相反的夺嫡策略。对李建成来说,有李渊的保证、重臣的支持、后宫的偏向,以及地方大员的力挺。他最佳的应对方案是什么呢?

就是无为,不采取任何过激的举动。在地方上,他已经完成了对李世民的封锁;在朝堂上,他也逐渐通过裴寂和一干后妃的进言将李世民孤立。这些李世民自然能察觉到,如果说在武德中期的时候,李渊很多时候还偏向李世民几分的话,现在李世民的日子已经是越来越难过了。

在这样的情况下,李建成只需要一点点缩小对李世民的包围,慢慢拉紧套在李世民脖子上的绞索即可。李元吉这个脾气急躁的家伙几次三番劝说李建成先下手为强,随便找个机会摆上一桌鸿门宴将李世民除掉,然而都被李建成拒绝了。也许李建成的犹豫还带有那么一丝兄弟之情吧,但更现实的可能性是,他作出这样的选择乃是出自于策略上的考量——他是太子,大唐日后的君主,他象征着仁义和贤明。只要不出现大的意外,将来的皇位飞不了,何必在这个紧要关头去扮演大恶之人呢?

而李世民的策略,却完全相反。面对着如此的危机局势,李世民的唯一出路,就是主动出击!

置之于死地而后生,这是李世民在战场上学来的至理名言。已经没有时间从外围入手一点一滴积累自己的优势,唯有以己之所长击李建成之所短,出其不意地扭转整个局面。

李世民之所长是什么?就是秦王府内这一班身经百战的勇士!要搞斩首行动,突然袭击,他们是最合适不过的人选。宫墙之中,咫尺天地,没有朝堂之上的老谋深算,没有两军对垒的排兵布阵。唯有"狭路相逢勇者胜!"

李建成不是蠢人,好歹他也是从河东一路杀到京城脚下的。李世民之所长正是他之所短,因此他和李元吉挖空心思地壮大宫府武力以求应变自保,要不然也不会冒着天大的风险搞出一个"杨文干事件"来了。

有了兵，没有将，还是不行。而李建成少经战阵，去哪里像李世民那样网罗到大量的勇士？他好不容易出关东平定刘黑闼，终于从李艺那里挖来了一个薛万彻，也只是杯水车薪。为了解决手下武将奇缺这一短板，李建成干脆将目光转向了李世民的阵营，挖起了李世民的墙脚。而这个首选对象，正是天下第一猛将——尉迟敬德！

之所以把尉迟敬德作为第一个下手的对象，李建成自然有他的考量。尉迟敬德这个人，在当时的名声并不是太好。他本来是宋金刚的手下，在收复河东之役中才投归到李世民门下。其实，这在当时实在是稀松平常的小事一件。环顾大唐内外的文臣武将，不少人都有效忠过几个主人的经历。比如说魏徵，改换主人的频率之高，在当时绝对是数一数二的。不过，尉迟敬德的名声坏就坏在，他归降得实在是太轻松了，几乎连一点犹豫和挣扎都没有。

对于这样的人，倘若自己诱之以利，应该能够收编过来吧？估计李建成当时心中就是这么考虑的。

高帽子送上，金银财宝送上，不愁他不投怀送抱。可万万没有想到的是，尉迟敬德直接让李建成碰了钉子。尉迟敬德收买不成功，李建成还不死心，又把攻势对准了程咬金和段志玄。结果仍然以失败而告终。

挖墙脚，本来是件隐秘的活儿。而李建成弄得尽人皆知，而且结果都还自讨了没趣，真可以说是失败到家了。

而李世民这边也没闲着。李建成过来挖，李世民自然要予以反击。但李世民的策略和李建成截然相反。

李建成走的是上层路线，他眼光高、胃口大，专门拣名气大、地位高的下手。而李世民呢，只挑太子府中声名不显，然而又处于要害部门的人做工作。比如太子率更丞王晊、尔朱焕、桥公山等人。

王晊这个人虽然默默无闻，地位却确实至关重要。因为这个从七品的

芝麻小官负责掌握的是把守东宫的门禁系统,东宫内李建成和李元吉的一系列密谋都是通过他才能第一时间传到李世民这里来的。可以说,没有他,李世民就像没有耳朵和眼睛一样,在波诡云谲的夺嫡斗争中辨不清方向。

这场挖人大战,反映了李世民和李建成截然不同的人才观。在李建成看来,越是名望卓著、身份重要的,他越是恨不得一把拉进自己怀里。这倒也没错,所谓提纲挈领嘛,一个一等人才敌得过十个二流人物。

不过,李建成没有想明白一件事:一个人才对于使用者的价值,等于这个人才的本领乘以他能为你所用的可能性。也许是因为身为太子环境太过于优越吧,李建成求访人才就好像一个在商品琳琅满目的市场中闲逛的富家子弟一样,只选贵的,不买对的。

而李世民则不同,李世民从来就没有去打魏徵或者薛万彻等人的主意。李世民用人就好比使用杠杆,只要能找到那个最为关键的位置,一个小小的支点就可以撬动千斤巨石。因此李世民大可以自信地说,人才这码子事儿,不是仗着你钱多心诚就可以使用自如的。要用好人才,是技巧,更是艺术。

其实从这个时候起,李建成就暴露出了他的最大弱点——在深宫中养尊处优的时间太长了。要说到整体的战略布局,他确实很有大局观,每步棋都攻守有致,下得得心应手,就连李世民也找不出破绽。然而,一旦从战略层面落实到执行层面来,李建成就显得力不从心,屡屡犯错。毕竟,没有经历过刺刀见红的残酷磨炼,是永远也领悟不了这些东西的。

李建成虽然执行力弱些,但这不代表他感觉不到二人的斗争。随着二人关系越来越紧张,他也逐渐感受到了日益临近的危险。

不错,从整体战略布局上来看,他是把李世民困在了长安。然而,李世民为什么一定要按照他的牌理出牌呢?李世民为什么一定要跟他慢慢地消耗自己在军队大员以及朝堂臣僚中的力量呢?

李世民完全可以扬长避短,利用秦王府的谋臣勇将们来一场突如其来的政变！

李世民太危险了！估计李建成琢磨透这一层干系的时候，一定出了身冷汗。

当下首要的任务，便是釜底抽薪，剪除秦王的羽翼。而这第一步，便是怂恿李渊找机会将房玄龄和杜如晦都赶出秦王府去，以防他们为李世民出谋划策。

第二步，李建成等了很久，终于等到一个天赐良机。当时有数万突厥兵入寇中原，按照以往的惯例，自然是由李世民领兵前去御敌。然而李建成绝对不会再给李世民染指军队、壮大自己的机会。他也不可能冒险离开中枢，走上战场。于是，李建成想到了一个一石二鸟之计——由齐王李元吉和燕郡王李艺一道领兵出征。不过，为了保障胜利，需要调用秦王府的勇将尉迟敬德、秦叔宝等人。

都是为国效力，秦王你不至于一口回绝吧？而只要你同意将这些猛将遣出秦王府，那你就是虎无爪，鸟无翼，只能任人宰割了！

整件事情已经到了这一步，李世民和李建成之间不得不摊牌了！

谋　划

摊牌之前,李世民首先要做的事,是检视一下自己手中的基干力量。

长孙无忌、房玄龄、杜如晦、尉迟敬德、秦叔宝、程咬金、侯君集、屈突通、宇文士及……秦王府上上下下的文臣武将,他们都能一条心跟自己走吗?

在玄武门之变这件事上,后世有各种各样的误会。其中的误会之一,便是秦王府的将士都是铁板一块,他们在李世民人格魅力的感召之下,生死相随,不离不弃,提着自己的脑袋随着李世民杀进了玄武门。

这不是实话,这是一个神话。当时的真相并非如此。

也许是李世民在世人眼中的形象过于高大吧。年轻英武、礼贤下士、弓马娴熟……一个不世出的治世明君模子。但凡是想干出一番事业的人,如果不选择死心塌地地跟着李世民走,那真是瞎了眼睛;但凡是想升官发财的人,如果不选择死心塌地地跟着李世民走,那就是没有头脑……

政变并非简单的请客吃饭,人心也不是那么的清明如水。要知道,上述那些故事都是李世民后来站在一个成功者立场上的回顾而已。我们已经全面比较过当时李世民和李建成的实力,结论是,李世民在多个方面均处于下风。这个问题,秦王府的将士们不会不明白。

这是一场赌博,风险系数极高的赌博。赢了固然前途无限,可若是输了,轻则从此永远被排斥出大唐官场,发配边疆;重则人头不保。过去拿命换来的功勋业绩统统归为零。

有的人,天生就是风险偏好型的冒险者,他们追逐风险和刺激就好像追逐自己的生命一样。而更多的人是风险厌恶型的,他们宁愿保住自己手上既得的利益,而不愿去博取更大的发展空间。

在李建成失败之后,便有了许许多多关于他属下言行的传说。比如说当时李建成手下的文臣之首李纲,就曾多次苦口婆心地劝说李建成以仁德宽厚为主,不要跟李世民搞得刺刀见红那么严重。其实,李纲就是这样一位典型的风险厌恶型人才。他更希望采取保守一些的策略,而不希望用过于激进的手段给朝堂带来动荡。

问题来了。第一,李世民怎么才能确保自己手下的都是风险偏好型的人才呢?其实在此之前,秦王府中不是没有人像李纲那样劝谏李世民,要李世民息事宁人,退一步海阔天空:李世民是天策上将、李渊的爱子,东都洛阳的实际主宰,李世民不一定非要动李建成不可,李建成也不见得会来动李世民。大家兄弟相安无事不是很好吗?何苦搞出鱼死网破的局面来呢?

第二个大问题,策划政变,只需要几个关键的人知情就可以了。而发动政变,却是需要全体参与的。从总动员到行动的这段短暂时间内,只要有一两个靠不住的人,就会功亏一篑!想想看,得到消息的李建成和李元吉立刻会向李渊禀报,同时在玄武门设伏,围攻秦王府。再由李渊下诏天下,断绝京师内外交通,调兵勤王。李世民岂不是就到了走投无路的绝境了么?李建成收买尉迟敬德和程咬金虽然未果,却也闹得沸沸扬扬。李世民站在胜利者的立场上自然可以总结批评他的拙劣手法。但是在当时,李世民的心情可以说是忐忑不安的。尉迟敬德和程咬金他们严词回绝,这都是明面上的事,在暗地里又有多少事是他不知道的呢?李世民府中,会不会出现像王晊、尔朱焕那样的人呢?要知道,李世民的心腹之一——宇文士及实际上是李渊安插到秦王府中的监听者。这李世民是知道的,可还有多少是他不知道的呢?

纵观历史,有多少政变的发动者就是狠狠地败在了这两大问题之上。李世民又如何才能够绕过去呢?

李世民有李世民的奇招!

第一大奇招:诱之以利!

这一招看起来平淡无奇,李建成不就是用这招,结果失败了吗？凭什么你李世民就比他高明呢？

李建成失败的原因在于,他没有摸准人的心理。他不懂人性,自然驾驭不了这些比猴还精的聪明人。

这一招棋,李世民很早就已经布下了。从义宁元年(617年)一直到武德七年(624年),李世民长时间在外统兵作战,几十万人马要吃要喝,钱粮从哪里来？

最开始,靠的是就地征发,不过这不是长远之计。进入长安之后,有了一个稳定的后方,才能够源源不断地为军队提供军粮补给。可以说,前方将士的生命全要仰仗于后方的不断输送。在那几年里,李世民在前方出生入死,李渊和他的臣下也没有闲着,他们整天焦头烂额地在为李世民筹措粮草呢。

李世民在洛阳大战王世充的时候,战局之初,李世民的军队还能够依靠在洛阳周边就地征粮来解决一部分后勤的压力。可随着战局陷入僵持状态,关东地区的粮草被二十多万大军消耗一空,接着就完全依赖于后方关中的补给了。这个时候,李渊的压力之大,可想而知。以至于几次三番派出使者来劝李世民收兵。

为什么收兵？这个仗快要打不下去了。之所以打不下去,不是输在军事上,而是输在后勤上。再往后拖,也许就会财尽民穷,陷于崩溃。

李渊跟李世民算的是经济账,李世民要跟他算的,是政治账和军事账。在李世民的坚持之下,李渊撑了下来,军队撑了下来。李世民一劳永逸地解决了东方的两大对头,提前进入了收官的局面。

有投入,自然就想要得到回报。这个回报是什么？

是土地,是这片土地上出产的钱粮、民心以及囤积的财富。

可惜,这个回报,李渊没有等到。在开战之前,李世民就宣布了城破之后,在洛阳"大索十日"的决定。对这一决定,李渊也是认可的。他还特地派出使者去颁发上谕:城破之后,一切子女金帛,都归众位将士所有——大家血战一场,浮财尽可以拿去,不过土地就是国家的财产了。

要知道,当时李家打天下,分封的勋贵何其之多!光公爵就有国公、郡公和县公三等,还有那些大大小小的亲王、郡王、伯爵、侯爵和子男。

爵位不过只是一个虚名,重要的是什么?是与爵位相连的土地。一个国公,最多可以分到1500户的食邑,将来就可以舒舒服服地躺在自己的食邑上,靠山吃山,靠水吃水,日子何其滋润。然而,贵族太多,土地太少,这就使得大家都眼巴巴地望着在外征战的大军,巴不得他们能多打下来一片疆土,好由李渊分封给他们。而身处京城的李渊一定也是这样向他们许诺的:秦王在前方浴血杀敌,军粮是催索得急了一点,大家肩上的担子也确实是沉重了一点,不过,等他打下洛阳城,大家今天的忠心和付出,就全部能得到回报了!

然而让李渊万万没有想到的是,一转眼之间,李世民就将洛阳的土地全部分封出去了。在当时,也只有李世民有这样的权力和魄力。凡是跟着李世民的谋臣武将,可以说都在其中获得了巨大的好处。而李渊和京城的显贵们呢?就只有干瞪眼的份了。

李世民这样做,实际上可以说是把李渊生生地得罪了,直到后来发生了张婕妤为自己的父亲与李神通争地的闹剧。实际上,张婕妤不是一个人。她代表的是一大群利益受到损害的京中显贵,还有李世民的父亲李渊。

也许就是从那个时候开始,李渊对李世民的观感开始变得难以言说起来。李渊一定会这样想:"这个当年最为乖巧的儿子,为什么今天会如此的桀骜不驯?他的眼中到底还有没有我这个老子!与他比起来,李建成则是一个看上去平庸持重却老实听话的孩子,也许他更合自己的心意?"

有人会说，假如当日李世民没把事情干得那么绝，他和李建成在李渊心中的天平上的分量不至于发生变化。假如李世民能随时收敛自己那说一不二的脾气，跟李建成拼一下亲情牌、规矩牌，或许皇位自然就是他的了。

有这样想法的人实在是太天真了！要知道谁与李渊离得更近？是李建成！远离京城的李世民做出的这些姿态和手段，完全抵不上李建成在李渊耳边几句看似无意的耳语！李世民如果那样做就是在以己之短击敌之长。对于李世民来说，聪明的策略是，宁可选择得罪李渊，也要拉拢住自己的人！这个账算下来，远远是得大于失。

在政治舞台上，永远不要跟着你对手的牌路来出牌！政治讲究平衡术，但不是庸懦的事事折中，最后落得一个画虎不成反类犬的结局。

不过，李世民慷李渊之慨将土地分封给自己人，就能确保他们一心一意跟自己干吗？

当然能确保！他们不跟着李世民也不行！李世民得罪了李渊，李世民的部下也得罪了京城中的"元老派"和"太子系"人马。多少双眼睛正红通通地盯着他们手中新封到的土地！李神通就是一个最好的例子。王爷之尊又算什么？只要一有机会，照样夺你的田，甚至要你的命！淮安王尚且如此，其他人就更是可想而知了。

有这样一个故事：一位老神仙遇到了一个游手好闲的庄稼汉。神仙看他可怜，给了他·个发财的机会。他可以有两个选择，一是选择有百分之百的把握能得到一头牛；二是有百分之八十的可能得到两头牛，当然也有百分之二十的可能，一头牛也得不到。

这个庄稼汉想都没想，选择了前者。

没过多久，这个老神仙又遇到了另一个庄稼汉。这一回，老神仙说了两个截然不同的提议：一是让这个庄稼汉马上把家里唯一的一头牛给交出来。

二是给这个庄稼汉一个赌一把的机会。这个庄稼汉有百分之八十的可能性会赌输，输了的话，不但要交出自己仅有的一头牛，还得搭上自己养的一只猪。不过，他也有百分之二十的可能赌赢。赢了的话，就什么也不用损失。

第二个庄稼汉犹豫了许久，终于一咬牙，选择跟这位爱捉弄人的老神仙赌上一把。

若是把这个故事讲给李世民听，问这个庄稼汉最后到底是赢还是输，李世民估计是不会关心的。但他一定会从中悟到这样一个道理——当人们处于稳赚不赔的境地中时，他们大多数时候都会选择保险一点的策略，避免进一步的冒险，保证落袋为安。然而，当人们面对必然得承担的损失之时，他们往往会走上冒险之路，搏上一把，也许还能有一个翻盘的机会。而实际上，李世民也正是这样做的！

现在，秦王府将士所遇到的处境跟这第二位庄稼汉是一样的，除了跟着李世民豪赌一把之外，他们还有什么别的选择呢？

有了秦王，你们才有这一生的荣华富贵。没有了秦王，你们就什么都不是！

上下同欲者胜！这就是李世民的第一道保险措施。

且慢！为了万无一失，李世民还有第二道保险措施呢。

做人主的，都希望部下能将自己的事当做他们本人的事去尽心做好。为了达到这个目的，统帅者可谓是挖空心思。总结起来，不外乎恩威并施，威胁利诱。

不过，李世民另有奇招。

话还是要从突厥入侵，李建成与齐王李元吉密谋将李世民秦王府猛将尉迟敬德等人尽数调出说起。这个消息很快便被王晊探知，并在第一时间向李世民发了密报。

　　决定生死存亡的关头就要到了！李世民立刻召集长孙无忌、尉迟敬德等人商议。其实还有什么可商议的呢？再愚钝的人也看得出来，如今是先下手为强，后下手遭殃。大家都屏住呼吸，等待着李世民作最后的决断。

　　然而此时，李世民犹豫了。

　　"诸位，这可是冒天下之大不韪的事，一旦失败，我们就要被当做乱臣贼子啊！再说，这件事情不干则已，真干起来了，一边是我的兄弟、我的父皇，我实在是下不了这个决心啊！大家要么还是再想想有没有其他的两全之策？"

　　尉迟敬德蹭地一下就站了起来："大王，闹到今天这个局面，该怎么做已经很明白了。你怎么还问有什么两全之策，这像是一个聪明人说的话吗？现在就是下决心的时候，该断不断，反受其乱！我看你是不够勇敢！"

　　尉迟敬德虽然是个粗人，但还从来没有如此激烈地顶撞过李世民。这只能说明一件事——他真急了。

　　所有的人都急了——这叫什么事儿啊！我们提着脑袋跟您闹到今天这一步，还指望什么呢？您突然撂挑子说不想干了，那我们怎么办？您不想要命了，可我们还想活下去啊！

　　所有的人都开始着急了！

　　不过，戏到这里还没有做足。紧接着，连续发生了李建成夜里召李世民饮酒，而李世民发现酒中有毒；以及李渊考虑让李世民离开京城前往洛阳开府的动议被李建成和李元吉坚决反对。

　　这一次，李世民又命人前去请房玄龄和杜如晦来商议政变的相关事宜。按理说，这两个人不是应该寸步不离地伴随在李世民身边吗？原来，此前他俩已经被震怒的李渊下令逐出了秦王府。为什么？原因很简单，李建成在李渊面前告了他俩的黑状："父皇，据我所知，李世民之所以成天想入非非，全是因为房、杜这两个野心勃勃的家伙在旁怂恿！"

　　李渊怒了——原来我儿子就是被这些人给教坏的！盛怒之下，他下了一道严厉的诏令——再发现房玄龄、杜如晦踏入秦王府半步，杀无赦！

　　这估计是李建成得以付诸实施的最损的招数了。没有了房、杜二人，李世民还真有些心里不踏实。不过如今，箭在弦上，即便是冒着天大的风险，李世民也得偷偷召回这二位。

　　然而传回来的消息却是房、杜二人"不敢奉命"。大怒的李世民立刻下令，让尉迟敬德带上自己的佩刀去把他们的头砍下来见李世民。

　　气氛越来越凝重了。当然，尉迟敬德并没有砍下房、杜二人的头颅，他们俩悄悄地潜入了秦王府。

　　时间、地点、责任分工、行动顺序……所有的一切，就这样决定了下来。大家都等着李世民下最后的命令。

　　然而，李世民却请来了一位算命先生，让他用灼烧龟甲的方式来占卜一下，看看此行到底是吉还是凶。就在算命先生专心致志焚烧龟甲的时候，李世民的幕僚张公谨走了进来，他见状一把夺下龟甲，狠狠地摔在地上。

　　"大王，只有犹豫不决的人才需要用龟甲来让自己下决心，今天这个事情，你还有犹豫的余地么！万一等会占卜出来的结果是不吉利，难道今天你就不干了？！"

　　众人的目光齐刷刷地落在李世民身上。从他们的眼中，李世民看到了决绝二字。

　　众心可用，李世民再没有什么可顾虑的了！那一天，是大唐武德九年（626年）的六月初四，李世民率领秦王府众将士走出了府门。大家都奔着同一个目的地而去——大唐皇宫的宫城北门，玄武门！

痛下杀手

玄武门之变，是一场经典战役。声东击西、欲擒故纵、擒贼先擒王、无中生有、暗度陈仓、上屋抽梯、围魏救赵、瞒天过海……尽在其中。

不过，这里面还有一计很少能够被人注意到，那就是——偷梁换柱！

玄武门之变的之前一日，李世民进宫面见李渊，李渊的脸色很不好看，他将一份密奏掷到李世民手里。

"太白见秦分，秦王当有天下！"

这是当时掌管天象的太史令傅奕的奏表。六月初一，太白经天。六月初三，太白复经天。这才有了这样一份奏表。这或许是一个巧合，但更是一个暗示——秦王当有天下，这乃是上天示警。

李世民的心中自然大吃一惊，这不是让父皇对自己更加小心戒备么？不过转念一想，父皇能把这份奏章交给自己这个"当事人"过目，说明他心中还是顾念着父子之情的。那么，他想暗示些什么呢？看这个架势，不像是认可天意，准备传位于自己的意思。那么，李渊抑或是在警告自己应该主动避让这种嫌疑，不要最后逼得他做出无奈之举。

危机潜伏在李世民的身边，李世民的将领们正在暗处磨刀霍霍，跃跃欲试。

事已至此，只好刺刀见红了。所幸李世民已准备了应对之策。

于是，李世民装作好像压根就不关心这份密奏似的，向李渊禀告了一个让李渊也十分震惊的消息："李建成和李元吉正瞒着您淫乱后宫！"

这还了得！李渊的脸色一下子变得极为难看。虽然李世民近来的许多行为让他不那么满意，他也知道李世民和李建成、李元吉之间正在互相攻讦。但当着自己的面说出诬陷李建成的话，看上去并不符合李世民一贯的作风。

见李渊陷入了犹豫之中，李世民趁机又激愤地说道："儿臣从来没有做过一丝一毫对不起兄弟情分的事情，今天要是因为大哥和元吉的关系杀害儿臣，那跟替逆贼王世充、窦建德报仇有什么区别？我今天含冤而死，就再也看不到父皇您了，冤魂归于地下之后，也实在是没有脸面见到那些死在我刀下的逆贼！"

过了半晌，惊怒交加的李渊逐渐恢复了平静。毕竟李世民的指控实在是事关重大，不可掉以轻心。在对李世民好言安慰了一番后，李渊表示，将会在第二天亲自召见李世民和李建成、李元吉当面对质，给大家一个说法。

其实，李世民此行前来，想要达到的正是这个目的。整个计划的第一步已然实现。

李世民走后，李渊思虑再三，决定先召集当朝的元老重臣裴寂、萧瑀、陈叔达和封德彝等人商议对策。很显然，这几兄弟一碰面，并不是要纠缠于到底是李建成在淫乱宫闱，还是秦王在当面撒谎这样的细节问题。多年日积月累的矛盾总该以某种形式作出一个了结。

李渊当日作出了什么样的决定，我们并不清楚。在此后的岁月中，李世民和李渊对这个问题也一直讳莫如深。可以想象，假如李渊说是有利于李世民的决定，李世民能百分之百地相信他所说的话吗？反过来，假如当日他所作出的决定对李世民不利，那李世民也不愿知道，就算知道了，也不会说。所以，在这个问题上，他们后来都选择了沉默。

不过在当时，李世民也并不想知道。开弓没有回头箭，就这样干吧！公元626年7月2日，李世民带领长孙无忌、尉迟敬德、侯君集、张公谨等十余人埋伏在玄武门，弓上弦，剑出鞘，只等待李建成和李元吉前来自投罗网。

李世民在李建成身边安排了眼线，李建成当然也有自己的眼线。这个眼线，就是上次索要土地未果的张婕好。她探听到李世民的异动之后，立即派人报告了李建成。正准备入宫见驾，与李世民当面对质的李建成犹豫了，

他赶紧找来李元吉商量对策。李元吉长期跟随李世民在外作战,对李世民的办事作风自然更为了解。听到这个消息,他立刻建议取消上朝面圣的打算,集合兵马以防不测。

假如说刚才李建成心里还七上八下的话,此刻听了李元吉的话,他反倒镇定起来:"玄武门的兵马都在我们手中,有什么好怕的呢?越是这样,我们才越要找父皇问个明白呢?岂能不清不楚地躲起来,这不是正中他人下怀?"

李建成一口否决李元吉的建议自有他的道理。李元吉这个弟弟,在哥哥们的眼中,向来是成事不足败事有余的形象。除了一身蛮勇,真的是文不成武不就。李建成拉拢他,很大程度上是出于这样的考虑——敌人的敌人,就是朋友。实际上,李建成打心眼里看不起李元吉。李元吉几次三番地在李建成面前献计献策,几乎一次都没有被他采纳过。今天也同样如此,哪怕李元吉的主张再有道理,李建成也必然会下意识地加以拒绝。

而且从表面上看,玄武门的兵马确实是在李建成手中。掌管玄武门门禁的,乃是中郎将常何,李建成心目中的铁杆亲信。有了这一重保障,李世民和手下的那么几个随从就是再勇猛过人,又能在玄武门掀起什么大浪来?

就这样,李建成与李元吉轻身简从地打玄武门方向向内廷进发。不过,或许是出于直觉,刚走到玄武门外,李建成便勒住马头,踌躇起来。考虑了一会之后,他拨转马头便准备返回东宫。

岂能让他跑掉,这一跑,不是前功尽弃了么!

李世民急忙从后面赶上,连声招呼二人回来。果然有人闻声回过头来——是李元吉。

他张弓搭箭,对准了李世民。

然而,意外发生了,素来以臂力过人著称的李元吉连着拉了三次弓,竟然都没有拉开。

就在李元吉急得焦头烂额的时候，李世民也张开了弓，嗖的就是一箭。

这一箭，不是奔着李元吉去的，而是直射李建成。电光火石之间，李建成翻身落马，就此殒命。

可能到死前那一刻，他都还没有完全想明白到底发生了什么。

就在李建成落马的同时，尉迟敬德等人也一同从玄武门外两侧的北衙中杀将出来，把李元吉也射下了马。但意外发生了，李世民的战马因突然受惊而带着李世民向西侧的树林中跑去。李世民一时猝不及防，被树枝刮落到马下。好一个李元吉，只见他带着箭从地上一跃而起，骂骂咧咧地就赶了上来。一把夺过李世民的弓箭，想用弓弦将李世民勒死。好在尉迟敬德等人此刻已经杀散李建成随从，围了上来。李元吉见势不妙，扔下弓正准备逃走。尉迟敬德哪里会给他这个机会，当场扬手便是一箭，李元吉也就此命归黄泉。

与此同时，得到凶信的东宫及齐王府卫队几乎倾巢而出，向已经在李世民控制之中的玄武门展开了猛扑。张公谨与宫门守将敬君弘等与之激战，敬君弘死难，张公谨独守宫门，一时竟无人能破。而李世民则利用这个机会率领尉迟敬德等精锐迅速地隔断了皇宫与外廷的所有交通，将李渊与军队的联系隔离开来。最后，再由尉迟敬德出面"请求"李渊下旨宣布李建成和李元吉的罪状，命宫门外的双方立刻停止一切军事行为。而在那个时候，东宫和齐王府的士兵见久攻玄武门不下，竟然掉头猛攻秦王府泄愤。要不是尉迟敬德及时请来了"御旨"，当日纵使夺嫡成功，这秦王府内估计也要血流成河了。

聪明人估计已经看出来了，当时无论是宫城内还是宫城外，主要的武装力量基本上都控制在李渊和宫府手中。而李世民能够有恃无恐地在他们的眼皮子底下反客为主，设伏伏击李建成和李元吉，又一举断绝内外交通，从容不迫部署善后措施，可不是光靠胆子大就能做到的。

李世民手中有牌，心里不慌。

这张牌，就是李建成的心腹，玄武门守卫中郎将——常何。

估计在李建成死的那一刻，常何在他心中都是一个让他感到满意的好下属。在他那拙劣至极的挖墙脚行动中，成功案例可谓屈指可数，而常何就是其中之一。

常何原本是李世民的部将，后来调任玄武门的禁卫长官。而最早看到这一职位重要性的，是魏徵，他再一次展示出了准确惊人的战术眼光。

魏徵立刻建议李建成将常何收编成心腹。李建成也确实这样做了。他刻意与常何这个名不见经传的小人物交好，常何也就这样投入了李建成的麾下。

正因为如此，李建成才有底气在明知李世民已经有所准备的情况下，大摇大摆地从玄武门入宫面圣。因为他心里清楚，玄武门的门禁掌握在常何手中。就凭秦王府的八百多士卒和一干猛将，即便是闹起事来，马上可以调动的禁卫部队好歹也可以抵挡上半天。到那个时候，再调来宫府卫兵和其他禁卫军，给李世民来一个反包围，然后请李渊下旨明正李世民的叛逆之罪，岂不是将计就计的一出好戏？

千算万算，他就漏算了一条——常何是李世民刻意安排的双面间谍。是李世民授意他接受了来自东宫的笼络，以一种新的身份隐藏起来，以便能在最关键的时候发挥决定性的作用。

没有常何的许可，李世民带去的七十多名手下不可能从容不迫地埋伏在北衙这样的咽喉要地。在李世民分兵入宫之后，剩余的部下已经是寥寥无几，没有常何出兵相助，怎么可能抵挡得住东宫和太子府两千多人的猛攻？同样，若是没有常何作出的保证，李建成和李元吉也根本不敢贸然进宫，玄武门之变那天的一切都不可能发生。

李世民和李建成，一个是实干家，一个是理论家。李建成在深宫中待得实在太久了，完全消磨了过去在战场上养成的警惕性。他天天都坐在自己的太子宝座上"运筹于帷幄之中，决胜于千里之外"。然而他忘记了一个最简单的道理——计划再周密，策略再高明，都需要有人去一一落到实处。假如执行的这个人身上出了问题，效果就会大打折扣。常何被顺利收编过来，这让李建成心里感到踏实无比。不过很可惜，自认为玩弄政治权谋算得上高手的李建成，始终站在沙丘之上。

而有过丰富实战经验的李世民当然明白，再好的棋局，再大的优势，也极有可能毁在一个微不足道的细节上。在下定决心之前，李世民已经在脑海中将整场政变的详细过程排演了千百遍。

哪里有可能成为致命的死穴？

李元吉！他最有可能成为那个意外的一环。

这个不成器的弟弟跟李世民最久，他最了解李世民，所以他才会一而再再而三地劝李建成用迅雷不及掩耳的手段将李世民除掉。这也源于他心中对李世民的恐惧——在战场上，李世民从来都是一个做事决绝的人——跟李世民久了，他倒也学了个神不似而形似。不过，李世民倒从来没有担心过李元吉对自己的防备，因为他知道李建成根本不会采纳李元吉的主张。

李世民担心的是另一件事情——李元吉高超的箭术！

在诸位兄弟之中，李世民向来以善射著称，多次在战场上出生入死，给敌我双方都留下深刻印象的，不是李世民的骑术，也不是李世民的武功，而是李世民那出神入化的箭术。即便是天下太平之后，李世民还时常与左右品评良弓，考校射艺。

"上弦明月半，激箭流星远。落雁带书惊，啼猿映枝转。"这是李世民的得意之作，也正是李世民对自己箭术的评价。

　　然而很少有人知道，李元吉和李世民一样，也是一位神箭手。他从小就拿俘虏作为可以移动的活靶子来取乐，要说嗜血暴虐，谁也及不上他。而且，李元吉从来都是弓箭不离身。这样一来，他的存在实际上就对李世民构成了最大的威胁。要知道，玄武门前狭路相逢，任何意外都有可能发生，绝不能让这个"安全隐患"将李世民的万全之策毁于一旦。

　　于是，李世民给常何安排了一个更为重要的任务：让他利用作为李建成和李元吉心腹的身份，偷偷用做过手脚的弓替换了王府中李元吉的专用弓箭。这才有了在玄武门前，本欲将李世民除之而后快的李元吉竟然连拉三次都拉不开弓的戏剧性场景。这在后来的国史中被说成是"再三不彀"。看到这段记录的人当然不会去深究其中的原因，而不知道的人也许会猜测要么就是李元吉这个纨绔子弟功夫太差，要么就是他做贼心虚，心情太过紧张所致。

　　而这其中的真相，只有李世民和常何知道。也正因为如此，李世民登基之后，不但跟随李世民参与事变的所有人都得到了高官侯爵，就连原来李建成和李元吉的手下也多有加官晋爵者。唯独常何，在玄武门之变过去了五年之后，还仅仅是一个中郎将。在他向李世民推荐了马周之后，李世民也才奖励了他三百匹锦帛。

　　是李世民太吝啬了吗？不是，只是因为常何在整场事变中的作用太过于敏感，李世民没办法像对待其他人那样给予他犒赏。大家都知道，李世民是一个有恩必报的人。如果对常何大加犒赏，岂不是会让所有人都把目光集中在常何的身上？

　　有些秘密，是一辈子都不能说的，这个道理，常何也明白，所以他选择了终生沉默。仅仅是在贞观十二年（638年）的时候，已调任右屯卫将军的他才鼓起勇气向李世民提出：他的父亲到现在还只是一个平民百姓，一辈子心愿未了，希望李世民能格外开恩赏他父亲一个官衔，好荣归故里。在这样的情况下，李世民才授予了他的父亲常绪"朝散大夫"这个荣誉性的官职。一直到常何死后，才由李义府在为他撰写的墓志铭中留下了"九年六月四日令总北门之寄"这样一句含糊其辞的话语来。也正是这样一句云山雾罩的赞扬之词，点出了常何的真正身份！

很多时候，扭转历史走向的关键，往往是这样的一些细节，及这样的一些不起眼的小人物身上。在随后漫长的治官生涯中，它随时提醒着李世民一个道理——懂得抓大放小固然是为政不易之道，然而对那些身处敏感位置上的"小人物"、"小细节"，自己的监管也一定要落到实处，不能轻易让一个漫不经心的疏失毁掉来之不易的大好局面。

第二章

权力的诱惑

危　机

武德九年(626 年)六月初四,玄武门之变的当天,李世民便掌握了全国上下的兵权。此时整个帝国的权力实际上已经转移到了李世民的手中。所欠缺的,只是几道程序性的诏命而已。而这最为关键的第一道诏令,也在数日之后草成,并送达李世民手中:李渊宣布改立李世民为太子,并且代替他处理国家大政。从此以后,李世民有了名正言顺的政治处分权,可以根据自己的意愿来对朝堂人事进行全面的部署安排。

然而当李世民真正冷静下来之后才发现,自己现在已经坐在了火山口上。

为什么这么说? 我们来分析一下当时的内外局势就会一目了然。

首先说为李世民效力的秦王府将士。他们在政变成功当日的那种狂喜心情,应该说是难以抑制的。这种狂喜,甚至到了一种可怕的地步——几乎所有的人都建议李世民,除了诛杀东宫和齐王府家属之外,还要将曾经依附李建成和李元吉的人尽数杀光,一个不留!

这听起来很可怕,但李世民明白他们的心情。

　　他们压抑得太久了。在这场局势混沌难辨的夺嫡斗争中,秦王府的人始终处于一种受到压制的状态。记得有一次,杜如晦骑马经过尹德妃的父亲尹阿鼠的府第门口,尹阿鼠的家仆竟然强逼杜如晦下马表示敬意。性格强硬的杜如晦自然不可能理会这种无理的要求,没想到尹家的恶仆们立刻凶神恶煞地围将上来,将杜如晦拖下马痛打了一顿,甚至还打断了他一根手指。

　　杜如晦莫名其妙受到了这般奇耻大辱。而且事情到这里还没有完,尹阿鼠也知道自己得罪的是鼎鼎大名的秦王,于是赶紧让自己的女儿向李渊恶人先告状:"秦王手下骄横无礼,竟然欺负到臣妾的家人头上去了!"被这枕边风一吹,李渊随即将李世民找来当面斥责:"你的手下对我的妃子尚且这样放肆,可想而知,平时是如何欺压良民百姓的了!"

　　打人的没事,被打的除了和血往肚里吞之外,还要背上一个"欺压良民"的罪名。在秦王府中最受尊重的杜如晦尚且如此,其他人平日里的遭遇自然也好不到哪里去。有句老话叫做"狗仗人势",其实,平日里气焰最为嚣张的,正是宫府门下那些狐假虎威的随员属吏。也难怪大家心里都窝着一团火,到今天终于有这么一个机会,这把怒火总要发泄出来。

　　一开始,李世民和大家想的一样。这些在李世民兄弟之间挑拨离间、推波助澜的小人应该全部杀掉,一个不留。否则,难消李世民心头之恨。岂料,尉迟敬德的一席话如同醍醐灌顶般点醒了李世民。

　　"大王搞株连搞得这么广,难道是想与天下人为敌吗?"

　　是啊,李建成和李元吉的党羽遍布朝野内外,东宫、齐王府、三省六部乃至天下各郡国都有他们的追随者。李世民如今若贸然杀光宫府僚属,岂不是相当于放出一个信号——一场残酷的大清洗马上就要到来了。这些人又岂能乖乖地引颈就戮?一旦激起剧变,往小里说,很有可能再来一次针对李世民的"玄武门之变";往大里说,这好不容易稳定下来的天下可能马上又会分崩离析,战火不断。

"敬德说得对,这些人,不能杀!"

面对大家愤激的抗议,李世民这样解释道。

"各位,不要以为杀了李建成和李元吉,这天下就能舒舒服服地坐稳了,我们面前的暗礁险滩还多得很!"

听了李世民的一番分析,大家都冷静下来,用沉默接受了李世民的安排——立刻以李渊的名义下旨,对李建成和李元吉的旧部尽数赦免,既往不咎,尽快将局面安定了下来。

其实,李世民之所以这样做,并不仅仅是为了尽快稳定局势,收拾人心。前面李世民劝服大家的那一番理由,可以说是出于公义,出于李世民阵营所有人的共同利益。因此他们最终才能接受李世民的主张——毕竟局面若是变得无法掌控,对每个人来说都不是好事。

然而在这一重理由之外,李世民还有更为重要的考虑。只是,这个理由是绝对不能让他们知晓的,这也是帝王心术的不传之秘。

皇帝和大臣,应该是一种什么关系?

在皇帝们看来,很多时候是一种买主与卖主的关系。

为人君者向臣子们提供高官厚禄,以购买他们为君王提供的服务——智慧、才干、忠诚。李世民用买到的服务来建设维系李家的庞大帝国,来维系李家世世代代君临天下。

但是,不知你有没有遇到过这样的局面,当你拿着钱在集市上购买"效忠"、"服务"这些物品的时候,却惊讶地发现,所有的店家不知在什么时候都牢牢地抱成了一团,团结得好像一个人。他们会很遗憾地告诉你:对不起,你所要购买的"效忠"已经涨价了,要想得到它,你必须拿出比以往更多的金钱来支付。也许,他们不会如此明目张胆地坐地起价,不过他们会用"短斤缺两"、"以次充好"来暗示你。要是遇到这样的情况,每个主顾都会自然而

然地去寻找别的卖家。死了张屠夫难道就吃混毛猪不成？然而你会悲哀地发现，在偌大的市场之上，你竟然已经没有了别的选择，所有的铺面都被他们垄断了！

没有选择的生活，是可怕的；没有选择的皇帝，是悲哀的。

在尉迟敬德点醒李世民的那一刹那，这位年轻的君主就已经认识到，自己很快就会陷入这个陷阱之中。刚才那群情激奋的场面已经明白无误地暗示着李世民，他们可能以同样的方式一而再、再而三地干扰绑架自己对国家大政的安排布局，而自己还必须小心翼翼地照顾他们的情绪，不然动不动给李世民来一个消极怠工，甚至是怨言犯上，那李世民可就吃不消了。

此外，在宫府势力的长期打压下，他们饱受压抑的心中除了怨恨、愤怒，还夹杂着什么呢？自然是对未来丰厚酬赏的一种渴求。他们压上的赌注是自己的性命，这条命，在打天下的时候已经押出去了一次，那时候，李世民给了他们丰厚的回报。这一回，他们再次将性命押给了李世民，如今就是论功行赏的时候。李世民这个人恩怨分明，绝不会吝惜赏赐。然而李世民更为担心的是，他们的欲望从此变成无底的深渊，永远得不到满足，还认为这一切理所应当！

怎么办？唯一的选择便是打破这可能出现的垄断局面，用一个充满竞争的官场格局来取而代之。方法可以有很多：引入新人，分而治之……李世民久经沙场，深知要趁对手喘息未定便迎头痛击的道理。若是让这种局面形成了一定的气候再想改变，难度就大了，造成的伤害也会更大。

摆在李世民面前可立竿见影的一步棋，便是赦免宫府罪人，并择其才干优异者，引入李世民的门下。如此一来，才有竞争，大家才能忠心耿耿地为李世民所用，不至于固步自封，坐地起价。

废李建成、李元吉，只不过是谋一时，而现在李世民这样做，谋的是大唐未来几十年的新局面！

布　局

玄武门之变后，安抚人心的工作便成为重中之重。

所谓安抚人心，一方面指的是抚慰李建成和李元吉的旧部，使之不至于铤而走险。另一方面是指安抚为李世民出过力、立过功的秦王旧部，该升官的要升官，该行赏的得行赏。这都是必须抓紧时机来完成的工作。要知道，赏赐拖得越久，它所能起到的激励效果也就越差。这是为政者不可不注意的。

不过，在政局还未能完全安定下来的情势下，大规模的论功行赏并不可行。因此李世民接二连三地作出了一些先期部署——一方面，将自己的铁杆心腹屈突通派出去镇守洛阳，为下一步应对关东地区可能的不测之变做准备；另一方面，以唐高祖的名义重新改组太子府，任命宇文士及为太子詹事，长孙无忌和杜如晦为太子左庶子，高士廉和房玄龄为太子右庶子，尉迟敬德和程知节分为左、右卫率，虞世南为中舍人，褚亮为舍人，姚思廉为太子洗马。初步奠定了李世民日后的行政班底。

李世民作出这样的安排，实在是煞费苦心。从人员结构来看，基本上都是原来秦王府的骨干力量。太子詹事这个职务相当于政府中的中书省、门下省和尚书省六部之和，位置极为重要。之所以把它交给宇文士及负责，是因为在事变之后，出于种种原因，李世民并不愿意经常与李渊见面。而宇文士及既是李世民的心腹，又与李渊及其身边的一干老臣关系密切。再加上他善于察言观色和保守秘密，可以承担起沟通东宫与李渊之间的工作，确保权力的平稳过渡。

太子左、右庶子作为东宫左、右春坊的实际负责人，分别掌管图书典籍、太子衣食住行以及侍从纳谏等事务。前者相当于政府中的弘文馆、秘书省

和殿中省,后者则相当于政府中的中书省。长孙无忌和高士廉是李世民的亲戚,房玄龄、杜如晦是李世民的首席谋臣。长孙无忌和杜如晦办事勤勉,作风果断,故而将直接负责东宫行政事务的重担交给他们。房玄龄善于谋划,是个精明的组织人才,所以和高士廉一道伴随在李世民身边以备不时的出谋划策之需。

至于左右卫率,乃是东宫的武装力量总指挥,由尉迟敬德和程知节来挑此重担是再合适不过。中舍人乃是太子右庶子的副手,由精通文学,刚直敢谏的虞世南充任。负担秘书工作的任务由原文学馆十八学士之一——褚亮担任。而太子洗马有协助太子太傅等教导储君的重任,自然要由德高望重的宿儒来充当。这一荣誉性的职务,自然是非历官南陈和隋朝两代的姚思廉莫属。上述诸人,都是秦王府中的首功之人及平素便为众人所敬仰尊重的贤者。先安排了他们,无疑是向大家放出了一个明确的信号——别着急,一步一步来,大家都有份。

接下来,就是安抚京中和地方上的李建成一党。虽然早在玄武门之变当天,李世民便通过李渊下旨,赦免了所有人的罪行,然而大多数人依旧抱着猜疑观望的心态。要稳住他们,就必须要处理好被大家视为最不可能得到赦免的这部分人。东宫将领冯立和谢叔方曾率兵与李世民拼死作战,他们最早出来投效于李世民。薛万彻躲藏到终南山里面,李世民几次三番派人劝说他出山归顺,终于也得到了他的信任。至于那位胸中自有城府的魏徵,更是与李世民一唱一和地在朝堂上演出了一幕明君得遇贤臣的精彩戏。还有王珪和韦挺,过去他们作为李建成的死党,曾在武德七年(624年)的"杨文干谋反案"中被作为替罪羊贬斥到外地,如今李世民将他们一并召回,在朝中担任谏议大夫之职。

这么做,一方面稳定了人心,另一方面又不动声色地布下了今后的棋局——他们很快便会作为原来秦王府系统的竞争者,在官场上发挥出影响力来。因为目前像魏徵、王珪等人担任的都还只不过是掌管纳谏等看上去可有可无的闲职,故而也没有引起秦王府旧部的不满和反弹,可以说李世民的官场改革在不动声色之中开了一个好头。

然而,毕竟天高皇帝远,地方上的情形远比京城中要复杂许多。大乱甫定,李世民和中央的威信还不能遍及全天下,影响力也随着各地距离京城路程的遥远而相应减弱,比如坐镇泾州的太子死党——燕郡王李艺。李世民为了安抚人心,特意加封他"开府仪同三司"的尊崇头衔,表示以前的旧怨从此一笔勾销。然而他还是惴惴不安,终于在半年多后举兵谋反,最终落得一个身死异域的悲惨结局。这位燕郡王早年为李家建立大唐确实立下了汗马功劳,如今却因为在政治斗争中站错了队而不得善终,实在是一件令人遗憾的事。不过,在当时波诡云谲的乱局中,除了这位倒霉的燕郡王外,还有两个人也不得不提上一提。

其一便是益州行台仆射窦轨。说起来,他也算是李世民的人。这位窦轨从李渊起兵反隋那一天起,便鞍前马后地始终追随,也称得上是正宗的开国元勋了。他虽然曾担任过太子詹事,却与李建成没什么渊源。反倒是从配合李世民讨伐陇西薛举势力开始,一直到东讨王世充时期,他与李世民结下了深厚的交情。在李世民与李建成争位的布局之中,他所控制的益州始终是李世民包围反制李建成的重要棋子之一。

不过,就是这位被李世民倚为长城的窦轨却捅出了一个不大不小的娄子。

原来,窦轨在四川任上的时候,一直和他的佐吏行台尚书韦云起、郭行方闹得很僵。而韦云起的弟弟韦庆检及其宗族又多为亲附李建成的党羽,玄武门之变之后,窦轨便想利用这个机会拔除这对眼中钉,肉中刺。当赦免

诏书来到益州的时候,窦轨独自将诏书藏了起来,伪称自己受命于朝廷要诛杀韦云起。韦云起心中疑惑,追问诏书到底在什么地方,窦轨支吾其词,只是坚持说:"你就是想要造反了!"最终以此为借口杀死了韦云起。郭行方闻讯大惊,赶紧往京城逃跑,窦轨还派出杀手在其后紧追不舍,总算郭行方跑得够快,才捡回了一条性命。

当消息传回长安的时候,李世民的眉毛都皱成了一个结。公然的矫诏杀人,公报私仇,而且,杀的还是职位不小的朝廷命官。这种事,往大里说就是有不轨之心了。虽然窦轨是李世民的人,谋反的事跟他八竿子打不着,然而李世民这边正要宽大为怀,你却在那边假公济私,这不是等于让李世民下不了台吗?这样一来,李世民说的话还有什么威信。

恼火归恼火,然而当房玄龄等人请示李世民应该如何处罚窦轨的时候,李世民却摆了摆手:

"不,不能动他,不用动他。"

不能动窦轨,哪怕他犯了一个不大不小的错误,因为,窦轨是一头猛兽,一头单纯的猛兽。

说他是猛兽,是因为战场上的窦轨不但让敌人战栗,也让自己人战栗。他领兵对敌的时候,一连十几天人不解甲那是家常便饭。军中部属无论老少贵贱,只要有流露出一丝一毫畏敌之情的,一律处斩。身边左右只要犯下小小过失的,也一概施以鞭笞之刑,搞得中军大帐经常是血流满地,见到的人莫不为之心惊胆寒。就连当时的大名士——行台郎中赵宏安,也常动不动就被他鞭打一顿,一年合计下来,竟要挨上好几百鞭子。

如果说这只是武人暴烈天性的通病而已,那窦轨在益州行台仆射任上的所作所为就让人感到无法理解了。刚刚进蜀地的时候,窦轨立下规矩,严令家仆不得外出。有一天,他可能是自己忘记了这条规定,派了一个忠仆前去官厨为自己取酒浆。事后,窦轨猛然醒悟过来,便找来这位仆人说:"不是你要违反我的禁令,确实是我派你去的。不过,要严明我立下的法纪,那就只能借你的脑袋一用了!"这位家仆惊惶无地,在临行前喊冤不已,使得监斩官犹豫不决。窦轨见状大怒,竟将监斩官也一并斩首。

不仅给窦轨做部下、做仆人很危险,甚至就连他的亲属也是提着脑袋度日。窦轨向来把自己的外甥作为心腹来倚重,然而一天深夜,这位窦将军突然要外出巡视,召唤自己的外甥前来随侍,没想到等了多时也不见其到来,怒不可遏的窦轨竟然下令将自己的亲外甥送上了断头台。这样的作风,可不是跟猛兽无异吗?

为了驾驭住这头猛兽,李世民与李渊从来就没有少花心思。记得窦轨入蜀后,有一次应征入朝面见李渊的时候,穿戴得衣冠不整,邋里邋遢就上殿来了。上殿之后,又仗着当初最早起兵的老资格,竟然坐着和李渊说话。李渊为此大为不满,一时间思来想去,又找不到现成的罪名,只好翻起了窦轨的旧账:"你去蜀地做官,带了车骑、骠骑将军随从二十人,现在都被你杀得一干二净。朕这里地方小,没有那么多车骑将军供你杀!"随即便将窦轨逮捕下狱。不过,李渊这么做并不是真的要问他的罪,只不过借机敲打一下,杀杀其威风罢了。因此没过多久,便将窦轨放了出来,让他继续镇守益州。

那么,李世民现在是不是也要效仿李渊再敲打敲打这个不听上命,贸然行事的窦轨呢?没有必要,驾驭术看上去简单无比,不过"恩威并施"四个字而已。但真正用起来,火候很重要,对不同的人来说,"恩"给到什么程度会让他觉得欢欣鼓舞,"威"又施加到什么程度才能让他小心戒备,都是不一样的。形象一点说,窦轨这头猛兽,皮糙肉厚,没有文人墨客那样的敏感神经,像李渊那样的"鞭子"打在他身上,就等同于挠挠痒痒而已,没多久他就会故伎重演,这样的"威"又有什么用呢?

有人又说了,若不能防微杜渐,岂不是助长了窦轨目无君上的习气,其

实,李世民是最了解他脾性的人。窦轨行事虽然残暴,然而却没有造反谋逆之心。再说了,就他这个急性子的火爆脾气,若真敢造反,不出十天,一定会有其下属将他的人头给李世民送到长安。李世民又有什么可担心的。现在窦轨给李世民造成的最大麻烦,不过是"顶风违命",带了一个借机捕杀李建成和李元吉党羽的坏头。但这样的行为在当时比比皆是,很多地方官员都借着这个机会打击报复自己的政敌,或者用以邀功请赏。窦轨在蜀地干下的这档子事,处罚轻了,无济于事,若是加重处罚来收取杀鸡儆猴之效,又实在是得不偿失。因此,唯一的办法,就是置之不问了。不但如此,李世民还在即位后封赠他食邑六百户,授予其右卫大将军的官号,以表彰他以往的功绩。

　　不过,窦轨这头猛兽的破坏力实在惊人。他现在是被圈养在蜀地这个笼子里。一旦将其放出李世民的地盘,由着他那暴烈残忍的脾气胡来的话,必然会使得人心尽丧,局势动荡不安。那么,窦轨的用武之地在什么地方呢?其实,他是李世民手中的一根刑仗。管理国家,从来都是宽严相济。倘若法纪有所废弛,那就必须要用严厉的手段来加以纠正,但这种事情不能由君主亲自出面解决,而必须假手于像窦轨这样的"酷吏"来做,这才不至于招集民怨物议。在李世民即位之后的洛州就是急需严加管理的重镇。早在与李建成争位之时,洛州作为李世民的后方基地,在棋盘上的地位就举足轻重,当时,李世民为了换取当地豪强势力的支持,不得不对他们的许多非法行为睁一只眼闭一只眼。如今天下已定,自然不可能放任他们再胡作非为下去,而整肃吏治、纠弹风纪的重任交由窦轨是再合适不过了。贞观元年,也就是公元627年,窦轨被调任洛州都督。他刚刚到任,便以迅雷不及掩耳之势将违反法纪的人统统逮捕治罪。短时间之内,洛州城内的秩序便大为好转,这不能不说是因为恶势力畏服了窦轨的"獠牙"与"利爪"。

　　贞观四年(630年),窦轨死于任上。他死后备极哀荣,被朝廷追赠为并州都督。他的儿子娶了永嘉公主为妻,后来还历任左卫将军,秦州都督,显贵无比。

不过,因为窦轨毕竟是一根沾满了鲜血的刑仗,当随着局势的变化,做皇帝的需要以和风般的怀柔手段来安抚人心之时,这根刑仗必然会被无情地弃之不用。从某种意义上讲,窦轨死得很是时候。

而另一个人就没有窦轨这样的好运气了,这个人便是大唐的另一猛将,很有希望入选凌烟阁二十四功臣之列的王君廓。但他的不幸完全是自己折腾出来的。

王君廓这个人,在大唐如云的名将之中,没有任何值得夸耀的背景,他出身寒微,贩马为业,却在隋末的乱局之中脱颖而出,后来从李密阵营归降李渊阵营,很快便成为有名的大将之一。

他的成名战,是在李世民与王世充相持于洛阳之时,以诱敌计设伏大破敌军。事后,李渊专门下诏对其进行表彰:"你以十三人之力就大破上万敌军,纵使古来有那么多以少胜多的战例,也没有像你这样的啊!"而他最大的功绩,是在唐军于洛阳城下久攻不克,而窦建德又率领大军气势汹汹地从河北前来解围之时,孤身犯险,一举攻占了横亘在王世充和窦建德之间的重要据点——虎牢关!

虎牢关若在敌手,则王、窦两军合二为一,李世民的大军危矣。虎牢关若落入李世民手,则两敌不能相救,终将成为李世民的俘虏。此后战局的发展,也正是如此。王君廓也因为他在洛阳战役中的精彩表现而被封为彭国公。此后,他又多次讨伐刘黑闼及突厥,勇冠三军,成为李靖等人之后一颗冉冉升起的将星。

也正是由于这个原因,李渊后来才将他调往幽州,辅佐庸懦无能的幽州大都督李瑗。李瑗这个人,文不能治国,武不能安邦,然而却早早地与李建成结为一党,成天琢磨怎么对付和压制李世民。不过,李瑗虽然无能,但还

算识货,他知道自己不善治军,故而对王君廓十分看重,甚至到了约为姻亲的地步。李世民之所以一度十分忌惮幽州方面带来的压力,忧虑的不是李瑗,而是王君廓为将的这支精锐力量。

所幸的是,还没有等地方力量来得及有什么异动,京城的夺嫡之争便已尘埃落定。李世民考虑到李瑗素来性格柔弱,并且对自己部队的控制力也比不上燕王李艺。要安抚和削弱地方上的李建成势力,可以先从他身上下手,于是便假借李渊的名义召其入朝。按李世民的本意,是想先将李瑗好好地安抚一番,也好表示李世民既往不咎的决心和诚意。没想到李瑗这个胆小鬼反而自己先慌了手脚,他思来想去,实在拿不定主意,便向王君廓问计。王君廓见此情形,心中早已存下了出卖李瑗来换取功名的念头。于是他故弄玄虚地为李瑗分析道:"京城发生了这样大的变故,将来到底怎么样,谁也说不上来。王爷您是当朝至尊的皇亲,受命镇守一方,坐拥数万大军,怎么能被一个小小使者呼来喝去呢?而且,赵郡王李孝恭也算得上是先太子的人,如今已经被扣留起来了。先太子和齐王又落得这样的下场。您贸然赴京,不是自投罗网吗?"

王君廓说得声泪俱下,李瑗也听得心惊胆寒,当即便表示:"我今天把自己的性命全交给您,这回是下定决心要造反了!"于是他下令将朝廷派出的使者劫持起来,正式发动了叛乱。

天真的李瑗当然不知道,自己是真的把性命交到了王君廓的手上。王君廓打的什么如意算盘呢?他准备先诓骗李瑗举兵,然后再乘李瑗不备的时候,以朝廷的名义诛杀之。这样,举义平叛的功劳不就落到了自己身上吗?不过,他这一手如意算盘打得虽好,但除了李瑗一时半会被蒙在鼓里外,许多对他知根知底的人都有所察觉。当时的兵曹参军王利涉就曾向李瑗建议:"王君廓这个人从来都是反复成性。王爷要起兵,不能将兵权放在他手里,应该早点除掉他,换上您的亲信——燕州刺史王诜!"没想到,当李瑗还在为此犹豫不决的时候,消息已经走漏到了王君廓的耳中。他闻言大惊,决定先下手为强,在六月二十五日这天,王君廓只带领了几名骑兵前往王诜府上,诈称:"有紧急情况,要面见刺史。"还搞不清楚状况的王诜正在洗头,闻言赶紧握着湿漉漉的头发出来迎接王君廓。没想到,他迎来的是王君廓猝不及防的一刀。王诜死后,王君廓趁机对惊异不定的王诜部下鼓动说:"李瑗跟王诜一道谋反,擅自囚禁使者,私自调兵遣将。今天王诜已经被我杀了,只剩一个李瑗,不会有什么作为。你们要是跟着他走,只有灭族的下场。要是同我一起去讨伐李瑗,马上就可以获得富贵。我把话都说明白了,要祸还是要福,你们自己选吧!"

一边是血淋淋的人头,一边是勇猛善战的王君廓王将军,众人的选择不言而喻。大家齐声高呼:"愿意追随将军讨贼!"于是一干人等浩浩荡荡地杀入城内。

杀进城内干什么? 王君廓并不急于前去讨伐李瑗。他知道,这个庸懦无为的王爷没有了身边的猛将做羽翼,是什么也干不出来的。王君廓做的第一件事,是亲自前往狱中放出了朝廷派来的使者。他的用意很明显——要请这位上面派下来的大人为自己今天的义举做个见证,回去也好美言几句,展现自己在这场叛乱中的功绩。

办完了这件头等大事,王君廓这才不慌不忙地杀往李瑗府中。刚刚得到消息的李瑗气急败坏地率领数百位士兵夺门而出,却在大门口与王君廓碰了个正着。还没等双方动手,王君廓又是一嗓子:"李瑗在造反,你们都要跟着他送死吗?"亲兵们一看,前两天还频繁出入府上,与王爷密谋得热火朝天的王将军今日竟然换上了一副夜叉面孔,赶紧扔掉兵器,四散溃逃。才回过神来的李瑗指着王君廓的鼻子大骂:"小人,你今天出卖我,明天就是跟我一样的下场!"王君廓当然不想让这位王爷再说出什么对己不利的话来,他立刻命人抓住李瑗,将其勒死灭口,然后斩下首级,快马加鞭向朝廷报功,生

怕有人赶在前面抢去了这一天大的功劳。

当李瑗叛乱被平息的消息传到李世民耳中的时候,李世民内心恐怕不是欣喜,而是忧虑。他太了解这个老部下王君廓了。世界上没有不透风的墙,王君廓哄骗着李瑗干了些什么,李世民不可能丝毫不知情。这也不是王君廓第一次这样做了。

年轻的时候,王君廓便以诡诈多智闻名乡里。隋炀帝大业六年(610年)的时候,全国到处都在起兵作乱。向来就不安分的王君廓也跃跃欲试,向自己的叔叔提出一同举兵的想法,他的叔叔却坚决不同意。一般人要是遇到这种情况,要么偃旗息鼓,另寻机会,要么便扯旗单干,而王君廓却偏偏想出了第三条主意。他欺骗自己的叔叔说,婶婶与邻居平日里素有奸情,其叔叔果然中计,一怒之下将邻居杀死,从此亡命江湖,不想造反也得造反了。

此后王君廓的造反生涯也一直跟诡诈两字联系在一起的,像吞并伙伴部队这样的事一直没少干。在李渊刚刚举兵反隋的时候,王君廓与韦宝和邓豹的队伍驻扎在一起,这两人想把队伍拉来投效李渊,而王君廓却认为当时虎踞关东的李密更有前途,于是他先假意赞同二人的举动,然后趁他们不备的时候,突然举兵攻打二人,并把他们的辎重抢了个一干二净,而后投效到李密门下。可惜事与愿违,李密并不重视这位出身寒微的王君廓,无奈之下,他才辗转归附了李世民。

在许多出身豪门的贵族眼中看来,他这样的行径跟无赖流氓没有什么两样。可是别忘了,王君廓不像李渊这些门阀大族,他一无所有,有的只是一条命而已。在当时的乱世之中,王君廓这样做既是为了求发展,也是图一个自保。在死人堆中打滚的生涯,使得王君廓把天性中的诡诈反复深深地铭刻在了心中:我若不以诈道来对待他人,那下一个倒下的可能就是我自己!

王君廓就是这样闯出来的,并且,迄今为止他闯得很成功——先获取他人的信任,然后再通过抓住机会出卖别人来换取自己的发展,已经成为王君廓屡试不爽的最佳策略。在他眼中,这个世界无非就是出卖他人和被他人出卖。

既然我今天可以踩着李瑗的脑袋往上爬,那么明天也许就有人踩着我王君廓的脑袋往上爬。

从得手后的狂喜中清醒过来的王君廓,一定又会陷入深深的恐惧之中。李瑗临死前那恶毒的诅咒,仍时时刻刻在王君廓的耳边回响。从此以后,他一直被猜忌和疑虑所困扰,直到最后把自己逼上不归之路。

现在最让李世民头痛的是,幽州因为王君廓的胡来和李瑗的愚蠢,已经乱了。若不赶快加以处理,还将演变出更大的麻烦。

二十六日,在李世民的授意下,朝廷以诏命的形式对王君廓卖主求荣的行为作出了答复:任命王君廓为左领军大将军,幽州都督,李瑗的所有财产都归王君廓所有。他处心积虑布下的局,现在看上去确实给他带来了丰厚的回报。

不过,这只是一个为了确保幽州不至于陷入大乱的过渡性安排。在不久的将来,即便是李世民不动他,他自己也会干出新的蠢事来。当然,这是后话了。如今因为李世民对王君廓采取的权宜之计,也引发了其他人无穷的遐想——只要检举李建成和李元吉党羽,就可以立功受赏!一股新的告发和株连热潮又涌动起来。对此最为敏感的,自然是好不容易才被李世民招抚过来的李建成旧部。在朝中做了谏议大夫的王珪就几次三番地向李世民反映这种情况。于是李世民一方面发布命令:"凡是在六月四日之前和李建成、李元吉有瓜葛的人事,在六月十七日以前与李瑗有牵连的人事,都不得再追究告发,否则一律以诬告罪论处!"另一方面,又派出与关东地区渊源极深的魏徵前去安抚。魏徵果然也不负李世民所托,甫一出马,便借释放原太子千牛李志安、齐王护军李思行的举动表明了朝廷的态度,缓和了当时地方上的紧张气氛,秦王一派和宫府一派之间那种剑拔弩张的情势也逐渐转化为观望和等待。大家都在翘首以待,准备迎接一个全新的局面。

平　衡

　　随着地方人心的渐趋稳定,新的问题也摆在了李世民的面前——应该着手对朝政大员重新作出安排了。

　　此时此刻,三股力量都在审慎揣测着李世民可能会作出的举动。原秦王府旧人已经在新的东宫班子组建中找到了自己的位置,正准备以此作为跳板,进入朝堂的决策行政机构大展身手。而李建成和李元吉的势力除了占据着宰相一级的高位外,在朝堂的多个行政部门中也广有基础,声势相连。他们已经承认了李世民如今所取得的地位,也清醒地意识到接下来一定会发生大规模的人事洗牌,自己的利益很有可能在这场权力重组的游戏中受到损害。不过,有这个认识并不代表他们就一定会心悦诚服地加以配合。第三股力量,则是在这场太子地位之争中两不相帮的中立派,他们采取了明哲保身的态度,但这并不代表他们就能超然事外。恰恰相反,对于自己的既得利益,这其中许多人还是看得很重的——他们并不抱什么非分之想,也不打算攀龙附凤来求取富贵,然而,这正说明他们在意的是已经得到的东西,所以不愿采取什么冒险行为以至于失去所拥有的。可想而知,倘若在变革的过程中触及了他们的利益,势必也会激起他们明里暗里的阻挠。

　　问题出来了,一方面是虎视眈眈等着重新划分座次的秦王府旧部;另一方面是小心翼翼护着自己地盘的武德老臣们。僧多粥少,到底应该怎么分呢?

　　有三个办法。第一,长痛不如短痛,玄武门刀口上的血尚未干,利用这个机会以强硬手段将朝堂上的旧势力统统清洗出局,换上自己的人马。他们在心中还充满恐惧的情况下必然不会有什么公开的反对意见。这样做的隐患在于牵涉面太广,造成的影响太坏。要知道,李建成一派的势力在行政机构中可以说是根深蒂固的。即便将各个机构衙门的头脑一并换去,底下的执行者多多少少还是与旧势力有着千丝万缕的关系。这样一来,他们心中必然会带上或不平、或担忧、或恐惧、或怨愤的心态去处理日常政务。秦王府的人就算有三头六臂,也管不来这么多消极怠工的僚属。

第二,既往不咎,咸与维新。既然李世民已经表示要宽大为怀,只要他们能够为自己所用,那就把以前的敌对势力全部包揽下来。

有这样想法的人实在是太天真了。首先,为了保证对朝政的绝对掌控,李世民必须在要害部门安插自己的班底,否则发号的施令就会在执行时大打折扣,有隔靴搔痒之感,万一出现什么意外,李世民甚至有可能被底下的人架空。再说了,不动一些人,李世民拿什么来酬劳当日提着脑袋为自己卖命的部下呢?

第三,一张一弛,缓急并用。通过渐进的策略来对人事进行重新布局。

关于这一问题,有这样两个故事。

第一个故事叫做朝三暮四,说的是有一个人以耍猴为生,他家里养了许多猴子,这些猴子都以栗子为食。有一年粮食歉收,于是耍猴人决定削减猴子们的口粮,他小心翼翼地与猴子们商量:"从今以后,每天早上每只猴子可以领到三个栗子,晚上领到四个栗子。"此言一出,猴子们纷纷反对,吵吵嚷嚷说:"太少了,怎么早晨吃的还没晚上多?"养猴子的连忙说:"那每天早晨吃四颗,晚上吃三颗,怎么样?"此言一出,猴群欢呼雀跃,纷纷赞扬其主人的慷慨仁慈。其实,栗子还是那么多,为什么猴群的态度有前后如此巨大的差别?

因为,在明知道必然会遭受损失的情况下,人们反而会对一些形式上的境遇好转更加看重。因此,对已经做好了遭受剥夺之心理准备的相当一部分武德老臣们,只需要给一点形式上的甜头,就足以让他们忘却目前所遭受的损失和痛苦。

第二个故事叫做郑人就烹。春秋时期郑国有一位国君,治下极其残忍。有一次,他被自己手下的一名臣子触怒,火冒三丈的国君下令将这个大臣扔进一口盛满滚水的大鼎中烹死。这大鼎有一人多高,当这个臣子被扔进水中的那一刹那,剧痛竟然激发出惊人的求生欲望——他从大鼎中一跃而出。国君见状若有所思,于是下令将鼎中的滚水换成冷水,将这个臣子再次丢入鼎中,然后在鼎下慢慢地烧起柴火。随着水温渐渐由冷变暖,再变热,再变得滚烫,这个臣子在鼎中扑腾跳跃,却再也没有办法逃出鼎去。

这个国君的残暴行为当然为人们所不齿,然而它说明了什么?说明倘若步子迈得太大,从这些旧有势力那里拿走的东西太多太急,他们搞不好就会拼死一搏。但如果慢慢加以调整改变,一小步一小步地触动他们的利益,等他们醒悟过来的时候,也只能无奈地接受既成事实了。

说到这里,大家就会明白,如何触动这张根深蒂固的人事大网,李世民已经找到了答案。

在政府机构设置上,唐朝基本上沿袭了前朝的制度。国家的最高政务机构由中书省、门下省和尚书省组成,分别掌管决策、审议和执行工作。另外,原来的尚书省诸曹被明确为吏、民、礼、兵、刑、工这六部,由它们共同构成大唐官场上最显赫重要的核心机构。而这其中,中书省和门下省的关系最为密切。中书省的长官有两人,称为中书令,品级为正三品,在其之下又置侍郎数人,侍郎之下,又有中书舍人六人。凡是军国要务,必须先由中书省商议计划和对策,然后草拟诏书,而这些官职不过五品的中书舍人,便是当时海内外文人学子最为羡慕的要职。但凡国家有什么政务,皆要由他们率先提出处理意见,然后根据中书令和侍郎的整理修订,提交给皇帝定夺。看上去这些中书舍人、侍郎和中书令只不过是皇帝的参谋幕僚,然而在政事繁冗的情况下,只要不是关系全局的军政要务,皇帝都会考虑或尊重他们的意见。因此可以说,中书省就是大唐的最高决策机关。

不过,中书省的权力并非不受限制。为了防止中书省坐大架空皇权,蒙蔽圣心,在中书省之下又设置了门下省。但凡由中书省草拟,皇帝认可的诏书,还要经过门下省审议复奏。倘若门下省认为这些诏书有不合适的地方,完全有权力将诏书退回中书省重新研究起草。除此之外,中央其他各部、寺、监以及地方机构呈上来的重要奏章,也必须经由尚书省转交门下省审议,必须要经过门下省认可才能送达中书省或皇帝手中。门下省的首长称为侍中,也是两人,正三品,下面设门下侍郎、给事中、散骑常侍、谏议大夫等,专门负责给日常政令提意见,挑毛病。

中书省和门下省合称"北省",地位关键,责任重大。然而天下事务何其之多,并不是大事小事都得经过"北省"。另外,它们仅仅负责决策和审议。至于政策确定之后,总是要有人去落实执行,否则岂不是成了一纸空文?这个重担,就落到了尚书省的头上。因为尚书省的办事机构设在中书、门下两省的南侧,所以又叫做南省或南宫。凡是中书、门下发出来的诏令制敕,都要经由尚书省转发至中央各部及地方州县。有的时候,中书、门下所给出的只不过是一个泛泛而谈的指导性意见,这就需要尚书省再根据实际情况制成详细的政令条款,予以颁布施行。此外,天下一应行政事务如军政、钱粮、选举、司法的日常行政工作,也都是在尚书省来加以处理的。否则每日里的公文浩如烟海,但凭皇帝一人和中书、门下有限的官员,怎么能处理得过来?

尚书省的职官架构,本来是置尚书令一人,正二品。尚书左右仆射二人,从二品,辅佐尚书令履行政务。左右仆射之下,又有左右丞各一人,正四品,负责省内日常行政事务。此外还有左右司郎中和员外郎,作为左右丞的助手分别管理省内各部事务。说来有趣的是,在李世民即位之后,尚书令这个尊崇无比的职位,便永久性地空缺了下来。尚书省的实际主官,就此变成了左右仆射。这是为什么呢?

原因很简单,李世民在登基之前曾经担任过尚书令一职。在李世民之后,又有哪个臣子敢冒此大不韪呢?还记得当年苻坚在定策南征东晋的时候,为了鼓励士气,特意授予手下将领姚苌"龙骧将军"的官号,并且勉励他说:"这个官号乃是我当年还未登基为帝时所担任过的,如今授予你,也是希望你能效仿我干出一番事业。"

结果苻坚的话一语成谶,姚苌果然效仿起了苻坚当年的行为,不但在淝水兵败后造起反来,还囚杀了这位苻天王,自己黄袍加身做了皇帝。有这样的前车之鉴,也难怪尚书令这样的显职被束之高阁,从此变成了一个传说。

中书省决策,门下省审议,尚书省统领六部实际执行政务,这三者之间犬牙交错,互相制衡,各有所司。那么,在这张中央最高权力的布局图上,武德老臣们的势力是如何分布的呢?

当时的情况是这样的——在尚书省中,裴寂任尚书左仆射,同时还享受着正一品司空的荣誉待遇,位列三公,称得上是当朝百官中的第一人。萧瑀则为尚书右仆射,居裴寂之下。而中书省的情况又更为复杂一些。偏向李建成一党的杨恭仁任检校中书令,同时还把持着六部中的一个关键性职位——吏部尚书。另一位中书令则是封德彝,同时他还挂着检校吏部尚书的职衔。两人在职衔上互相交叉,互相牵制。至于在门下省中,门下侍中则分别由倾向李建成的裴矩和偏向于李世民的陈叔达担任。不过裴矩是以民部尚书的身份担任检校侍中,同时宇文士及也有着检校侍中的身份。在当时,"检校"算是一种本职兼领的加官,或者说是一种荣誉性的头衔。也就是说,杨恭仁和裴矩的本职工作乃是吏部尚书和民部尚书。不过,他们同时又有着当朝宰相的身份和地位,可以一同参与商议国家大事。

从权力格局来看,三省中有着宰相地位的共七人。如果算上那个首鼠两端的封德彝的话,属于太子一系的人马便占据了四席之多。再除开较为同情李世民的萧瑀和陈叔达两位老臣,完全能为李世民所用的只有宇文士及一人而已。加上在三省中太子党长期培养起来的各级侍郎、郎中、丞、员外郎等人，他们的系统称得上是根深蒂固。可想而知，若不能处理好这几股势力，日后从政令的制定，到审议通过，再到最后的付诸执行，都将会遭遇巨大的阻力。

除开在当时还没有为李世民认清真面目的封德彝之外，裴寂、裴矩和杨恭仁这三个人该从谁动起，又如何动呢？

首先说杨恭仁，他虽然能干，但在中央一级的宰相中资望最浅，根基最薄，故而李世民毫不客气地取消了他的检校中书令和吏部尚书的本官。但为了存其体面，又调他做了雍州牧，加授他属于从二品的左光禄大夫这一散官官阶。不得不提的是，在贞观五年（631年）窦轨死在了洛州都督任上之后，李世民又把杨恭仁空降到洛州出任都督一职。当时李世民还恳切地对他说："洛州这个地方，举足轻重，镇守它的大员一定要选拔对人。朕家里那么多子弟，却没有一个人可以胜任这个职务的，只有依靠您了啊！"

杨恭仁感激涕零，虽然被从当朝丞相的位置上摆了下来，但又能得到如此的信任，甚至于还把当初李世民赖以对抗李建成的根据地洛州交给他管理，也算得上是风光一时了吧。

至于李世民，当然另有考虑。洛州这个地方前面交给窦轨管理，后面交给杨恭仁，都是要借助他们的手来惩治和警示一下当初被李世民"宠坏了"的地方官吏和豪强。至于杨恭仁单身赴洛州上任，实际上又是置其于当地官员的牵制和监控之下，这称得上是最为稳妥的安排。

另一个与杨恭仁一样被干脆利落免去职务的，是门下侍中裴矩。这个人也算得上是响当当的前朝旧臣。他在隋炀帝手下的最大功绩便是经营西域。不过，裴矩之所以出名，还是因为他在隋炀帝身边时那拍得震天响的一个个马屁。后来炀帝殒命，他又先后给弑杀炀帝的宇文化及和割据一方的

窦建德效过力,也是一个精于见风转舵的主。因为不齿于他过去的种种行为,李世民毫不给面子地将他逐出了宰相的行列。不过,这个人脸皮极厚,又很能根据实际情况选择投效新的主人,再加上他的行政才能确实不错。因此,李世民还是将他留在了民部尚书的任上,在还没有找到合适接任者的时候,先过渡一下。

最后说裴寂,李世民决定对其采取最为持重的缓兵之计。因为他是最早鼓动李渊起兵的定策功臣之一,在朝野中有着极大的声望,许多典章制度都出自于他的计议规划,特别是他长期把持尚书省,在行政部门中有不少或明或暗的支持者,这是其一。其二,裴寂这个人看似柔懦,实际上城府很深。当年刘文静因为看不起裴寂,多次当面让他下不来台。裴寂在表面上一副受尽委屈的样子,背地里却暗暗布局诬告刘文静意图谋反,终于将其害死,其心机可想而知。李世民若动他得过快,难保他不会给李世民使什么绊子,下什么圈套。故而李世民采取了两步走的策略:一方面,先是轻描淡写地以顾惜其身体为理由,将裴寂"请"出尚书省,让萧瑀接替他的位置;另一方面,李世民依然保留着裴寂司空的荣誉性头衔,同时在各个场合中一再对裴寂表示极为推崇之意。在即位后大封功臣时,还特意将裴寂单独列为第一等,享封户一千五百户之多。在朝廷上,没有任何一个人能与他相提并论。这样一来,相信裴寂在今后进一步的机构调整中,不会抱有太强烈的不合作态度。

旧人换了出来,如何将新人充实到班子中去呢?秦王府中精英虽多,但也不能一下子尽数充填到宰相一级的岗位中去。这样一方面会给朝堂上所有人以"一人得道,鸡犬升天"的坏印象。那么以后,大家若想要升迁出头,就不会想到凭借自己的真才实学,而是如何能在政治斗争中站到正确的一边。第二,秦王府旧人虽然都有相当的才干,但骤然接手全国性的行政管理和决策工作对他们来说也是一个挑战，需要时间来慢慢学习。同时也需要与手下的僚属们进行磨合了解，否则很容易在工作中犯下巨大的错误，到那个时候，对他们不加以惩处很显然又是不可能的。贸然提拔，不是在培养和爱护自己的人才，反而是在伤害和摧残他们。

鉴于以上的考虑，李世民决定首先将宇文士及由门下省调入中书省，同时再补入房玄龄为中书令，充实最高决策机构。中书省这个部门，如果主官过于有自己的想法，就很容易与皇帝的意见发生冲突，而强势的主官甚至会将皇帝架空，这自然不是李世民希望看到的。刚刚掌握最高权力的李世民，首先要保证的是自己的决策能够顺利执行。而这两个人的共同特点在于特别能保守秘密，是机密决策的最佳人选。房玄龄谋略过人，参谋角色最适合他不过，宇文士及善于体察上意，对李世民的许多想法和决策都能加以补充和完善，又不会居功自傲。由他们执掌中书省，对李世民来说，只有助力，没有阻力。

至于门下省，一方面保留陈叔达不动，另一方面引入李世民的舅舅——高士廉。高士廉出自渤海高氏这一名门望族，无论从资望还是从才干与亲疏关系上讲，都是可以让李世民放心的人。让他和陈叔达一同掌管门下省，也可以保证中书省的政令——也就是李世民的意见在贞观初期权力布局尚未正式完成的关键时刻可以畅通无阻，不至于受到过分的掣肘。

在尚书省中，萧瑀算是自己人。再加上尚书省与"北省"不同，是天下政令的实际中转枢纽和管理机构，一旦处置失误，很容易招来物议。故而李世民并没有马上引入秦王府旧人来接替萧瑀原来的尚书右仆射一职，而是由原中书令封德彝来接任。封德彝这个人善于顺承当权者的意见，在尚书省中应该会很配合地履行李世民的意志。同时，李世民又让杜如晦掌管兵部，长孙无忌掌管吏部。兵部掌管全国六品以下基层武官的挑选、任命，以及天下兵马的军政和军训工作；吏部负责六品以下官员的选举赏罚和绩效考察。

抓住了这两个部门,就抓住了全国基层行政官员和军官的人事控制权,因此这两个部门必须得牢牢掌握在自己人的手中。至于其他四部,除开民部之外,重要性就要小得多。

政治部门中关键性的岗位分拨已定。至于军队方面,凭借以前李世民在军中的巨大声望,重新安排人事工作相对要容易许多,掣肘的阻力也很小。秦叔宝、程知节以及尉迟敬德分别被任命为左卫大将军、右武卫大将军和右武侯大将军,侯君集任左卫将军,段志玄为骁卫将军,张公谨为右武侯将军,长孙无忌的哥哥长孙安业为右监门将军。这些都是在玄武门之变中出过死力的忠实部将。另外,为了对中立势力表示善意,李世民又任命李靖的弟弟李客师为领左右军将军,同时还将原来李建成手下的猛将薛万彻任命为右领军将军。这样一来,既做出了高姿态的表示,又确保了军队的力量在自己的牢固掌握之中。

同时,为了防止秦王府旧人对自己形成权力包围之势,李世民早已任命魏徵、王珪、韦挺等人担任纠弹谏议的职务,以此来警示旧部不要得意忘形,滥用权力。另一方面,李世民又调回了在"杨文干事件"中被流放外地的杜淹,让他出任御史大夫一职,总管监察百官。这样就形成了"我中有你,你中有我"的制衡局面。可以算得上是面面俱到,万无一失了。

这番安排甫一做出,大家都为之心悦诚服,相信今后朝堂必然是一个能包容各方势力共创盛举之地。八月初八,李渊正式下诏禅位。在一番程式化的推让之下,李世民于初九在东宫显德殿即皇帝位。贞观元年(627 年)的新格局就此拉开了序幕。

封 赏

整个贞观初年,李世民都是在一种紧张的气氛中度过的。

说紧张,是因为前前后后里里外外的压力实在太大!

往前数,远的有搞得天下民怨沸腾、二世而亡的隋炀帝,近的有在玄武门中死去的李建成、李元吉,以及被迫退位的李渊。往后看,要坐天下了,李世民不止一次地怀疑自己——打天下容易,这坐天下,自己真的能坐得稳吗?

往外瞧,从武德年间就蔓延的饥馑灾荒还在肆虐。幽州李瑗之乱虽平息下去,但取代他的王君廓也不是盏省油的灯。再加上暂时没表现出什么动静的燕郡王李艺,还有江南一带的原李孝恭势力还在军队中发挥着影响。这些都是不稳定因素。突厥人又趁火打劫跑来添乱,李世民刚刚即位,他们便送来一份"厚礼"——挥师十余万进逼京师。倘若地方上的异己势力像当年的刘武周一样,与突厥人联起手来向李世民发难,那又当如何呢?

坏一点的局面,就是天下重归分崩离析,再次上演南北朝的对峙局面。而李世民只能保守住关中地区,画地而守。最坏的局面,是在内外忧逼的情况下,有人把李世民导演的逼宫大戏依样画葫芦地再上演一遍。

身处这样的危险局面之中,李世民最渴求什么呢?

人心!

在突厥人退兵之后,李世民召集宿卫众将士在东宫显德殿外习射讲武,以表居安思危,防御边患之意。凡是才干卓异之士,李世民必给予厚赏。这样做也不是没有在臣下之中引起非议。有许多大臣就表示了自己的忧虑:法律早就有明文规定,敢于携带武器来到皇帝住所的,一律处以绞刑。陛下成日里跟全副武装的兵将们厮混在一起,万一有什么奸人混迹于其间阴谋

加害陛下，这个天大的责任，谁能负担得起呢？

对他们的好意，李世民只是笑了笑："对王者来说，四海都是一家。凡是疆域之内，都是朕的赤子。朕对他们每一个人都要做到推心置腹，怎么能去猜忌这些忠心耿耿的宿卫将士呢？"

此言一出，在场的将士们无不感激涕零，发誓要效死以报。

其实，安全问题李世民不是没有担心过。然而李世民心里很清楚，倘若真要出什么事的话，也绝对不会发生在这些跟随自己征战多年、心思单纯的热血将士身上，它只有可能发生在朝堂上那些老江湖之中。对于将士们，李世民可以用这样的手法来得到人心，而对于朝堂上几股错综复杂的政治势力，李世民又如何确保他们能在互相制衡的同时都心甘情愿地为自己所用呢？

有人一定会这样想："封赏啊！"

封赏？对！其实自打李渊在京城登基称帝以来，就该对跟着他一起打天下的功臣们论功行赏了。只是那个时候天下尚未平定，这仗也一直打个没完没了，怎么有时间评定每个人的功劳大小？

等仗打完了，李渊又成日操心如何处理好李世民和李建成之间的矛盾。这大规模论功行赏的事，也就被无限期地拖延了下来。反正诸位文臣武将前前后后得到的爵位，领到的赏赐田地也不算少，似乎也并不急于一时。

到了李世民这里，中央的架构重组算是已经有了一个雏形。原李建成势力和武德老臣们已经暂时被安抚下来，人心思治。这个时候，若是能够大赏群臣，无疑既可以安慰刚刚遭受损失的旧势力，又可以激励自己的旧部。岂不是一举两得？

而借着对开国功臣们论功行赏的机会来做这件事，岂不是名正言顺吗？

对这样的想法，李世民恐怕只能以苦笑作为回答。

从某个角度来说，封赏这件事，其实是被他有意地拖延了下来。

为什么？

因为封赏不像很多人想的那样，是凝聚人心、提升士气的杀手锏。处理不当，反而可能使得众怨沸腾，士心瓦解。说得简单点，就是两头受气，吃力不讨好！

其中的道理很简单。这将是一次规模空前的论功行赏，它的意义，并不只在于可以给每位功臣发放多少爵禄田地，更在于，这是对之前他们为开创大唐所立下的功勋的总评价。这一次封赏，决定了每个人在朝廷中地位的高低、荣誉的多少，其意义不可谓不重大。

而更麻烦的在于，所有接受封赏的人都不会简单地将今天获得的赏赐与他以前的收获相比。倘使那样做比较，所有人都会感到开心，而李世民的工作也会好做许多，毕竟所有人总的收获是大大增加了。但是他们往往会拿去与自己身边的人作比较。这样一来，问题就出现了。

老子当初在疆场浴血搏杀，你不过舒舒服服地躲在后方耍耍笔杆子而已，凭什么在功劳簿上排在我前面？

这是武将的想法。

若没有我神鬼莫测的谋划计策，没有我兢兢业业的后勤保障，光凭你那一己蛮力，在战场上死个十几回恐怕都不够，还有什么资格来耀武扬威地争功？

这是文臣的想法。

此外，出身经历不同、派系渊源不同，都使得他们很难互相理解：为什么那个素来被我轻视的家伙却在我之上？岂有此理！

也许有人会说，这都是相互之间缺乏沟通理解的结果。文人很难感受武将们冲锋陷阵时的危险和辛苦，武将也不可能领会得到马上不能治天下的道理。但如果能多做一些善意的说服和沟通工作，应该可以将矛盾消弭于无形。

李世民当年一定也这样想过。不过现实教会了他很多东西，其中重要的一条便是：人们在很多时候是故意保持着不愿意理解对方的姿态。

为什么？因为他们已经有意无意地把自己归入了种种不同的阵营之中——秦王派系、东宫派系、元老派系、关陇士族派系、关东豪强派系、江南文士派系、军队将领派系、行政文官派系……五花八门，层出不穷。每一个人都可以给自己贴上一个两个这样的标签，从而将自己与另一群人区别开来。他们最乐意做的事情，是强调和夸大自己阵营的功绩，贬低阵营外他人所作出的贡献，刻意拉开不同派系之间的距离。

当然，倘若增进内部的沟通了解，或者是迫于外来的压力和危机，能或多或少地缓解这种矛盾，但要根除它无异于痴人说梦。一言以蔽之，这就是党同伐异，是人性深处挥之不去的一道阴影。

这也正是李世民在封赏问题上慎之又慎的原因所在。常言说得好，一碗水得端平，但其实这碗水是永远也端不平的。在此之前，就已经有秦王府的旧人通过房玄龄对李世民发牢骚："我们这些人跟随陛下这么多年，没有功劳也有苦劳。如今陛下坐了龙廷，我们的官职反倒排到原来东宫和齐王府那些人后面去了，真让人想不通啊！"

房玄龄是个老成持重的人，他之所以把这些言论转告于李世民，自然是窥出了一些不太好的苗头。

对此，李世民也严肃地表明了自己的态度："做皇帝的乃是天下人的皇帝，不是少数几个人的主子。朕和大家的衣食俸禄都取之于民脂民膏，设官选任，也是为了天下黎民百姓，贤者上，不贤者下而已。怎么能根据跟随我时间的长短来选用人才呢？以后再有这种抱怨，那就是不识大体的做法了！"

话虽然说得至公至正，很难让人反驳，但涉及具体利益的问题，可不是光靠大道理就能摆平的。既然房玄龄都提了出来,看来再不处理一下是不行了。

不过,说了半天,这封赏左也不是右也不是,动辄就要得罪人,那是不是封赏成了一个碰不得的陷阱呢?

当然不是。李世民虽然看得到这其中的种种暗流漩涡,但并不代表李世民会为其所左右。优柔寡断,那是庸人的品质!

怎样都不可能皆大欢喜。既然这个道理已经想明白了,那就只有一种选择可以打破困境——关照好自己阵营中最为得力的手下,以及旁系势力中那些牵一发而动全身的核心人物。至于功勋业绩,倒成了其次的参考因素。

在这样的前提之下,九月二十四日,最终的功臣榜终于在众人期待中出炉了。其中最为引人注目的,乃是如下众人:"裴寂,名列榜首,食实封一千五百户。其次是长孙无忌、王君廓、尉迟敬德、房玄龄、杜如晦一千三百户,长孙顺德、柴绍、李艺、赵郡王李孝恭一千二百户,侯君集、张公谨、刘师立一千户,李世绩、刘弘基九百户,高士廉、宇文士及、秦叔宝、程知节七百户……安兴贵、安修仁、唐俭、窦轨、屈突通、萧瑀、封德彝、刘义节六百户……钱九陇、樊世兴、公孙武达、李孟常、段志玄、庞卿恽、张亮、李药师、杜淹、元仲文四百户……张长逊、张平高、李安远、李子和、秦行师、马三宝三百户……"

这份封赏名单,名义上考虑的是大唐创建以来的首义之臣,以及在其后经营天下的战争中作出过卓越贡献的谋臣武将们,比如当众在殿上宣读唱名的陈叔达,虽然他贵为当朝宰相,可因为与这两条都不沾边,因此榜上无名。

不过榜单背后,可就大有讲究了。

首先是裴寂,食邑一千五百户,这是李世民特意作出的安排。于公,他

是太原定策的首功之臣；于私，李世民刚刚将他请出了尚书省，用这样的办法，可以减轻他抵触改革的情绪和戒备心理，他留在尚书省的那一批僚佐也不至于太让杜如晦等人为难。

在千户以上的这一批封爵中，长孙无忌、尉迟敬德、房玄龄、杜如晦、长孙顺德、柴绍、侯君集、张公谨、刘师立都是李世民的铁杆部下，也都是玄武门之变的中坚力量。长孙、房、杜、尉迟等人，更是李世民在今后文武两方面都必须倚重的人才。至于对王君廓、李艺以及李孝恭这三人的封赏，纯粹是为了安抚地方诸侯所作出的举动。当然，就他们的功绩来讲，也完全在情理之中。

至于六百户以上的诸位，则主要是用来酬赏武德旧臣中偏向于李世民的势力，以及李世民的阵营中或直接或间接在玄武门之变中出过力的部下，此外，还包括一个保持中立的军方实力派人物——李世绩。

而六百户以下，除了中立派人物李靖之外，基本上以李世民的班底为主。可以说，在选贤任能上，李世民基本照顾平衡了各方势力。然而在封赏酬功上，这基本上就是一场秦王府旧人的盛宴。少数几个旁系势力虽也榜上有名，也只不过是地位使然，不得不尔。

这封赏名单甫一念完，李世民缓缓地环顾了一番群臣，威严地说："朕考虑你们的功绩大小，或许有不周到的地方。大家不要介意，各抒己见，务求公平。"

之所以要故意留出这么一个环节，就是要让大家明白，对今天的封赏有什么不满意的地方尽管说，说出来我会为大家解释清楚，要是你当面不说，背后下去大发牢骚，乱嚼舌根，那于情于理就先输了七成。

不过，要是真有愣头青站出来表示反对，那岂不是够呛？

果然，在群臣的窃窃私语声中，有人跳将出来。

"我不服！"

大家齐刷刷看过去，出来呛声的是淮安王李神通。说起这位王爷，论资格，他是首义之臣；论亲疏，他是李世民的叔父，这可不是好随便打发的主。大家又齐刷刷地将头转向李世民——当然不敢直视李世民，而是眼睛都盯着地板。估计他们心里一定在想：且看您如何对付这位爷吧。

"我不服，当初太原起兵之时，是我首先在关西响应。大仗小仗也打了无数。可像房玄龄杜如晦这些人不过耍耍笔杆子罢了。如何我才封得五百户，比他们差那么多？我实在是不服！"

等李神通慷慨激昂完了，李世民一字一顿地说："当初是叔父首倡义兵这没错。不过，这也算得上是我们家的家事。您当初若不举兵，马上就有下狱的危险，难道说您举兵就没有一丝一毫是为自己打算吗？后来窦建德在关东猖獗一时，叔父竟然全军覆没，没有尽到守土安民的责任；再后来刘黑闼死灰复燃，又是叔父您望风溃败。而房玄龄和杜如晦他们呢？他们虽然不像你们上阵杀敌，一举一动都有人看得见。可他们运筹帷幄，整饬行政，足兵足食，这些我都看在眼里。没有他们，就没有你们在前线打胜仗的基本保证。论功行赏，当然应该排在叔父您的前面。"

顿了顿，李世民又语重心长地说道："叔父，您是国家的至亲，我还有什么舍不得给您的呢？但是私恩归私恩，今天论的是公义。私恩再重，也不能跟公义混为一谈！"

此言一出，群臣都由衷赞叹起来。要知道，淮安王李神通于李世民，那确实是私恩深重。别的不说，光说不久前李建成深夜设宴款待李世民，却暗中在酒里下毒。酒过三巡，李世民竟然咳出血来，就是这位叔父冒着危险强行将李世民搀扶回府中。如今连淮安王都讨不了好，说明皇上这一回确实是出于公心，既然这样，大家还有什么好争的呢？

一场封赏风波，就这样化解了。估计没有人想得到，其实那是李世民跟李神通唱的一出双簧戏。要不然，这位机智过人、最会做人的亲王，如何会

在大庭广众之下站出来对李世民表示不满呢？全靠他的帮助，李世民才得以将臣下中潜在的不满情绪压了回去。

然而，僧多粥少。封给功臣的地多了，由朝廷掌握的土地就少了。土地一少，租税军粮从哪里来？李世民要富国强兵的计划又从何谈起？思前想后，李世民决定拿宗室诸王开刀。当时按李渊的既定国策，是要大封宗室来巩固李唐天下，一路封赏下来，前前后后就有数十个王之多，甚至连襁褓中的婴儿也得封王爵。然而，李世民的思路与李渊不太一样。这封建诸侯，屏藩中央，李世民不反对，然而封爵太滥，一是虚耗国力，二是他们的王爵并非出自于李世民，因此绝不会对李世民感恩。于是李世民干脆一不做二不休，除开像李神通、李孝恭等少数几位确实立有战功的王爷外，将其他亲王郡王统统降为县公。大家不满归不满，可一来手中无兵无权，在朝堂上也没有根基，况且，玄武门那一天所发生的事，也确实让许多人都吓破了胆，自然不可能有什么实质性的反对行为。

在保留王爵的诸位亲王和郡王中，不得不提的，是王君廓用来吓唬李瑗的那个反面例子："赵郡王都被抓起来了，您不赶快造反，想等死吗？"这个王君廓口中的赵郡王，就是李孝恭。那么，这又是怎么一回事呢？

论起亲戚关系来，李孝恭和李世民算是血缘不太近的同辈堂兄弟。在当时的李唐宗室里面，他算得上是少有的人才，故而李渊十分赏识他。早在刚刚攻破长安城的时候，李孝恭就被李渊派遣出去招抚巴蜀地区，而李孝恭也不负众望，很快便一鼓作气荡平了巴蜀三十余州，为大唐赢取了一个稳定的后方粮仓。此后，他便独当一面，肩负起平定长江中下游各割据势力的重任。当时割据长江的主要力量以萧铣和杜伏威为主，而李孝恭作为军事统帅，在东征过程中打的几场大胜仗则更多依仗了自己的副手——李靖。不过，副手再能干，若没有一个慧眼识人、度量博大的顶头上司，那也是难以发挥作用的。在这一点上，李孝恭表现出了值得称道的元帅之风，在当时的朝野之中颇受好评。

不过，要据此认为李孝恭就是一个有气度的忠厚君子，那可就错了。在平定江南的最后一战中，原杜伏威的部将兼养子阚稜协助李孝恭讨平了起来作乱的辅公祐。这一仗中，按理说阚稜立下了很大的功劳，然而李孝恭却在处理善后事务时将阚稜等归降将领的田宅也一并没收，由此激起了二人的矛盾。李孝恭干脆一不做二不休，以谋反的罪名诛杀了阚稜。由此可见，他并不是一个善主。

就是这么一个棘手人物，威震巴蜀江南广大地区的赵郡王李孝恭，竟然在武德末年的夺嫡争斗中站到了李建成一方。这不能不令李世民十分担忧。

所幸，李建成一个暗藏杀机的安排反倒帮了李世民的大忙。

回想当日，激起玄武门之变的直接导火索，就是李建成和李元吉商量出的一个重大阴谋：假借抵御突厥的当口，将秦王府著名将领尉迟敬德、程知节、段志玄和秦叔宝等尽数调归李元吉指挥，以达到釜底抽薪的效果。

不过，统帅这支部队，很显然李元吉不一定能镇得住局面。因此李建成思来想去，使出了另外一招：急调坐镇荆襄江淮的李孝恭入朝，相信以他的军功，应该可以勉强压得住秦王府众将。而李孝恭果然也很配合地打马赴任来了。

只可惜，他实在是时运不济。李世民不按牌理出牌的战术彻底打乱了李建成的苦心经营，玄武门之变就此发动。等李孝恭赶到京城，却发现等待自己的是阶下囚的命运。

试想，要不是事先知道太子的部署，李孝恭能够安安心心地进京来吗？此时此刻，他也像李艺那样，成了李世民的心头大患。

不过，李孝恭在乱世摸爬滚打这么些年，也不是天真的人。他除了预先在江南广树党羽之外，又安排自己的亲弟弟，汉阳郡王李瑰担任荆州都督，

控制着荆州和岭南广大地区。而李世民派去扬州代替李孝恭的宗室李神符，尽管大力施展怀柔政策，却仍然无法在短时间内摆平李孝恭留下的心腹势力。江南仍然陷于僵局之中。

没办法，仅过数月，李世民便将这位堂兄放了出来，改授他"宗正卿"这个荣誉性头衔，接着又赏给他实封一千二百户，赖以安抚江南荆襄地区的人心。另一方面，李世民在他的地盘上加快了布局的速度。贞观初年，他的弟弟李瑰因为和长史发生了冲突，被李世民下诏免去一切职务，随之而来的是接二连三的人事动作。李孝恭留在江南与荆襄、岭表地区的势力，也逐渐消弭于无形了。

从此以后，才四十岁的李孝恭便提前步入了退休生活。对自己的处境，李孝恭看得很明白，他的应对之策也很聪明。从此之后，叱咤风云、说一不二的李孝恭成日纵情于酒色之中，处处谦恭退让。记得有一次，他面露忧虑之色对左右说："我现在居住的大宅子规格实在是太超标了些。应该卖掉，换座能住的小宅院就可以了。等我死后，儿子们若有才干，守住它也足够了。若是没有才干，反倒便宜了别人！"

这番可怜巴巴的话，当然是说给李世民听的。心知肚明的李世民当然能够放心得下这位识时务的王爷。故而在贞观一朝以来，他被李世民视为宗室中最为亲近的大臣。当然，只是亲而不用，重而不信罢了。贞观十四年（640年），李孝恭因病离世，死后备极哀荣，比起当初跟他处境相仿的李瑗、李艺等人来，李孝恭算是赢得了一个不错的结局。当然，这也为李世民在处置异己势力的举措中，树立了一个良好的榜样。

第三章

君臣互掐

整 肃

大规模的封赏和重新任免官职之后，朝政应该走上正轨了吧？

不，还没有。如果说前一个阶段李世民的主要工作是暂时稳住各方势力的话，那么在接下来这段时期，随着局势逐渐缓和下来，大家也开始要在朝堂上寻找自己新的位置，因此各派系也会蠢蠢欲动，有所举措。

《易经·震卦》有云："震惊百里，不丧匕鬯。"然而大多数人是被这场突如其来的惊雷吓呆了，只要他们缓过劲来，就会重新延续以往的思路继续折腾。毕竟，像李孝恭那样的聪明人只是小部分。

而李世民，也不能无休止地将精力虚耗在朝堂内外的人事斗争上。李世民有更重要的事要做——当今天下思治，百废待兴，中央朝政却迟迟走不上正轨，这能行吗！

贞观元年，是异常复杂动荡的一年。

在内政上，李世民定下了四个大的方向：清廉吏治、鼓励谏诤、改革机构、体恤民生。

在廉洁吏治这个问题上,大唐陆陆续续出台了许多相当严格的规定和戒律。比如,严禁官员私下从事借贷、贩运货物等经营活动,若有胆敢违反者,将被认定为犯罪,就连官员的家属也不能在其辖区内借贷、经营或接受馈赠。如果官员知情不报的话,将和家人一同遭到严惩。这要是放在武德年间,是完全不可想象的事情。

不过,虽然颁布了新的法律和规定,并不见得就能收到实效。许多朝廷官员都半信半疑地打量着这一切,贿赂公行、贪腐成风已经是武德年间司空见惯的行为了。难道新政一出就能真的扫清这些腐败现象吗?又或者,皇上只不过是做做表面功夫的官样文章罢了。最多处理几个中低级官员,对于那些高官显贵,还不是照样奈何不得他们?

在这样的情况下,要使得法令能够真正震慑人心,就必须得树立靶子。而不管怎么做,都不如拿一个自己人开刀收效来得显著。因为,假使你先从旁系势力动起,别人会很自然地怀疑你的动机——这到底是杀鸡儆猴,还是公报私仇啊?这样做的后果只能是原来秦王府的人不会引以为戒,其他人则满腔抱怨。该贪的照样贪,该揣摩如何站队的照样揣摩。李世民岂不是做了无用功?

那么,动谁好呢?这个人必须满足两个条件:第一,影响力够大;第二,不是李世民一定离不开的人物。房玄龄、杜如晦这种级别的,影响力够大了吧?可要是找借口把他们办了,就如同失去了左膀右臂,那可不行。

想来想去,李世民把矛头指向了长孙顺德。说情分,他是长孙皇后的本家叔父,自然也是李世民的叔岳父,地位不可谓不亲近。论功绩,长孙顺德最早起兵,迭次战役都有他冲锋陷阵的身影,还生擒过老将屈突通,在封赏功劳簿上与燕郡王李艺、赵郡王李孝恭平起平坐,影响力不可谓不大。不过,这位岳叔父只擅长在战场上做冲锋陷阵的猛张飞,要论起治国来,可谓一窍不通。离开了他,于李世民来说并无损。

于是,事情就这样定了下来。有一次,长孙顺德在监督奴仆的时候,发现他们联合起来盗窃宫中宝物,按律当斩,没想到他竟然接受了这些奴仆的贿赂,替他们把事情就此掩盖过去。

事情败露之后,李世民恨恨地说:"论身份,他是外戚,论功劳,是开国元勋。如果他能够注重自身修养,我就是连国库也愿意和他一同享用,可他怎么能搞出这样不知廉耻的事情来呢!"

对这件荒唐的受贿案,最后的处理意见也让人啼笑皆非——李世民于宫殿上当众赏赐给他几十匹丝绢。有人不解道:"贪赃枉法,罪无可赦,为什么反倒还要赐给他丝绢呢?"

李世民的回答是:"人都有灵性,朕赐丝绢给他,比用刑罚羞辱他还要让人感到惭愧。假如他仍然不知悔改,那就与禽兽无异了!"

话说得很重,很不给面子,然而在李世民看来这是最佳的处理方式了。长孙顺德毕竟是李世民的叔岳父,李世民也不过是故意小题大做抓他个现行来公开警告众人,难道还真的将他杀头不成?

清廉吏治算是开了一个好头。至于鼓励谏诤,除了活跃非凡的魏徵之外,还有张玄素、张蕴古、戴胄等也颇为踊跃。后来流传于史册的,主要有这么几件事。

张玄素,时任景州录事参军,因为有政声而应诏觐见。他建议道:"隋炀帝父子喜欢自行决断烦琐政务,从不委任给群臣去做,大家就只能唯唯诺诺,奉行而已,全天下的安危都系于一个人身上。皇帝不是尧舜那样的圣贤,行事总免不了有缺失,日积月累,弊病越来越多,不亡何待?陛下应该分官设任,选贤任能,用赏罚来考核他们就可以,不必事必躬亲。另外,隋末天下大乱,起来争天下的数遍了也不过十余人而已,其他人都不过是为了保护妻子乡党,等待天下太平。由此可知,百姓并不是唯恐天下不乱,只是期望

人主能带给他们安定的生活啊！"

这番话与李世民此后的行政纲要正好契合，李世民大加赞赏，将张玄素提拔为侍御史，参与机要。

张蕴古，曾任幽州记室，后调入中书省供职。他上了一篇叫做《大宝箴》的文章，内中有这样的话语："故以一人治天下，不以天下奉一人。礼以禁其奢，乐以防其佚……壮九重于内，所居不过容膝；彼昏不知，瑶其台而琼其室。罗八品于前，所食不过适口……"文章辗转反复，都在提醒李世民要察纳雅言，从善如流，勤政爱民，切莫走上隋炀帝荒淫无度的老路。

览罢这篇妙文，李世民当众在朝廷上表彰了张蕴古，并将他提升为大理丞，负责司法事务。

戴胄，曾任兵部郎中，因为素来有忠直公平的好名声，被擢升为大理少卿。当时，屡有伪造资历、混冒官职的现象发生。李世民曾下诏让他们在规定的时间内自首，否则一概处死。后来，有假冒者被人揭发出来，李世民正要拿他杀一儆百，没想到这个戴胄站了出来，他表示：伪造资历为官者，按律应当流放，而不是杀头。这一时把李世民弄得有点下不了台。

李世民没好气地问他："你倒是守了法，朕先前说的话就不作数了吗？"

戴胄不卑不亢："陛下的敕令出于一时的喜怒好恶，哪里像法律那样是经过大家反复讨论商定，需要取信于天下的呢？臣愿陛下宁舍小忿而存大信！"

听了戴胄的解释，李世民反怒为喜。而此后戴胄果然也一直坚持执法不阿，秉公断案，深得时人的好评。

上述诸人，都是李世民特意在朝堂上树立起来的标杆和榜样。李世民通过鼓励和提拔他们，向群臣释放出了一个清晰的信号——我更希望臣下一个个直言敢谏，尽忠守职，而不是阿谀逢迎，得过且过！

李世民的这些姿态，朝堂上的武德老臣们也都看在眼里，不过，他们的反应却各不相同。

裴寂表面上已经接受了被逐出权力中枢的既成事实,然而心里毕竟还是不甘心的。他总是动不动就在其他人面前说,武德年间的时候如何如何,经常以老资格的态度给房玄龄等人泼冷水。在李世民看来,他实在是太不知趣!

鉴于将其彻底扳倒的时机还不成熟,李世民只能假装漫不经心地对裴寂说:"近来,有许多上书言事的,朕都把它们一一粘在墙壁上,进进出出也都能随时提醒自己。每天朕还要考虑治国的良策,经常冥思苦想到深夜,你们这些做宰辅的,要体察朕的苦心,好好干啊!"言外之意,我这里已经够操心的了,你要懂得分寸,不要给我找些麻烦事,这才对得起我面子上对你的一番敬意啊!

另两个武德年间的元老比起裴寂来,头脑就要活泛许多。只不过,他们俩更像是在演一场喜剧。

这第一位,不是别人,就是刚刚被李世民从宰相位子上拽下来的前门下侍中,如今的民部尚书裴矩。此时,他已经是八十岁的白发老者了,但这位裴大人追逐起政治风向来,反倒比年轻人还要机灵许多。

裴大人的第一场表演,摸到了李世民正要体恤民情、安抚百姓的脉门。上奏声称:百姓遭到突厥蹂躏侵略,生计困难,请求陛下能施以赈济,每户赏赐绢一匹。

也许是裴大人做久了民部尚书,思维难免受限,难以摆脱精打细算的小家子气。于是当即就在李世民那碰了一个大钉子:"朕以诚信御下,并不需要故意营造什么爱民的好名声,结果却口惠而实不至。每家每户丁口不一,有多有少,无论多寡都发给绢一匹,这样做公平吗?传令下去,按口为单位记发赏赐!"

裴矩回家痛定思痛,重新调整了思路——前怕狼后怕虎是摸不准李世

民心理节奏的。当向魏徵、张玄素这些人学习,矫枉必须过正,专拣皇帝做错的小事情进谏。

很快,裴矩的机会来了。当时李世民正在大力整顿吏治,为此甚至采取了一些非常手段:暗中派人向官吏行贿,凡是有司官吏受绢一匹以上的,都落入了李世民的圈套。

怎么处理这些人?按李世民当时的脾气,一个字:杀!

"杀不得!"裴矩鼓起勇气,站了出来。

"陛下,这些人私受贿赂,确实该死。然而他们受贿的罪名可是陛下您故意造成的啊!古代的圣人说,要用道德引导百姓,用礼制去同化他们。您这样做,怕是有点不合适吧?"

在场的人都大跌眼镜。众所周知,这个裴矩自打隋炀帝那时候起,就是出了名的马屁精。怎么今天突然一下子转了性,竟然当面批评起皇帝的不是来?所谓江山易改,本性难移,可今天裴矩给所有人都好好上了一课——原来在官场上可以见风使舵到这个地步。

难怪后来很多人都感慨地说,李世民治下的大唐真是盛世,你看像裴矩这样的老滑头都能被李世民所感召,由奸变忠。这说明朝廷上的政治是否清明,并不在于有多少忠臣贤人,而全靠皇帝本人的好尚引领。如果皇帝喜欢直言不讳,底下的大臣自然敢于抗颜直谏;如果皇帝喜欢歌功颂德,从群下那里听到的,必然是连篇粉饰之词。

但是李世民心里一清二楚,裴矩之所以这么做,并不是自己感化了他,也不是他真的就洗心革面,要做一个大唐的忠良。恰恰相反,这可以说是他玩弄官场权谋的一场反转表演。

难怪当年帝王术的祖师韩非子曾经说过,做人主的,千万不要表现出自己的任何好恶之情,一旦表现出来,就会为臣下所利用。天天听溜须拍马听腻了,您不就是想换个口味的刺激吗?行,那我就触一触你的逆鳞!

目的何在？还不是为了讨得人主的欢心，借以固宠弄权而已。这跟当年那个满口甜言蜜语的裴矩又有什么区别呢？

李世民知道这一点，但不能戳破他，不但不能戳破他，李世民还得配合他把这出戏演下去。毕竟，连裴矩都懂得要公忠体国，直言不讳了，那么其余观望风向的人们，你们还在等什么呢？

不过，有一个人还在等。这个人，就是可以与裴矩不分伯仲的官场另一大滑头——封德彝。

制　衡

　　封德彝这家伙在迎合上意、揣摩人心的段位上，应该说还要高出裴矩一头，在李世民和李建成之间玩双面把戏也纯熟无碍。只不过，在李世民即位之后，他一时间好像有点看不清形势了。

　　明知道皇上现在鼓励大家对他说真话，积极进谏，可他却拍起马屁来，而且愈加肉麻，愈加无所忌惮。举个例子来说，有一次李世民大宴群臣，席上为了活跃气氛，李世民下令奏起了《秦王破阵乐》。

　　这乐曲本来是李世民击破刘武周时，军队中自发传唱的军歌。后来李世民亲自把它改编成了舞蹈，以纪念那一段峥嵘岁月。在席上，李世民忘情地说："朕当初受命专征，这才有了这支曲子。虽然说跟现在提倡文德仁义的气氛不太相容，然而要知道，朕的功业也确实是在战场上奠定的，可不敢忘本啊！"

　　估计封德彝以为李世民喝高了，觉得此刻正是溜须拍马的好机会。酒兴加上谀辞一起来，试问谁能抵挡得住？他立刻迫不及待地启奏道："陛下全靠神武明德平定海内，哪里是那些以文德自居的君主可以比得上的？"

　　李世民眉头马上就皱成了一个倒八字，心想："我只不过要用当年的武功来反衬一下今日的文德而已，你却说我武力胜过文德。一味恃武，岂不是把我比做了没有见识的赳赳武夫？"

　　于是，李世民很不高兴地说道："平定祸乱，要靠武力，守成治国，全凭文教。文武的用处要依时而定。您一味说文德不如武力，这也说得太过火了！"一席话说得封德彝面红耳赤，唯有伏在地上使劲叩头谢罪。

　　像这样的马屁行为，封德彝还表演过许多次，也不止碰过一次钉子。可是，这么一个会察言观色的角色，为什么如此乐此不疲呢？

其中原因，其实想想也能明白。不管是阿谀逢迎，还是直言敢谏，在封德彝、裴矩这样的臣下眼中，无非就是投皇上所好而已。说白了，是在为皇上提供一种服务。

那么，封德彝为什么偏偏就要开起"高帽子"的专营店铺呢？其实，这正是他聪明的地方——他不但摸清了皇帝的心理，还算准了市面上的"供应"状况。

如今，皇帝喜好直言敢谏，于是乎你也谏，我也谏，一时好不热闹。"直言敢谏"这种东西从一开始的"稀缺货"，到现在已经快要烂大街了。

原先，皇帝是生怕大家不敢说话，有谁进谏，轻则当朝表扬，重则赏赐有加。如今，谏的人多了，大家都挖空心思去思索如何谏得艺术，谏得出奇制胜，谏得惊天动地。当谏臣价值在下跌，难度在上升啊！

更何况，做这笔买卖还有风险。谁知道皇帝他表面上勉励有加，私下会不会一一记在心里，以后来个秋后算账呢？

当然，封德彝这样想李世民，分明是以己度人了。不过说老实话，谏言听多了，也难免有时候会心理失衡。就像魏徵那样懂得掌握进谏艺术的人，不是也曾惹得李世民动了杀心吗？

所以，封德彝的策略就此打定：不管你们怎么折腾，我还是选定继续兢兢业业地拍马屁这条路。这条路虽然眼前收益是低了一点，但是风险小，获益也稳定。因为，满朝文武中做这笔买卖的，只此一家，别无分号啊！

封德彝当时在朝党上的策略，可以这样来概括：逢迎新贵，排挤同僚，打压异己。

所谓逢迎新贵，指的就是特意放低身段，曲意迎合像房玄龄、杜如晦、长孙无忌这些李世民的主要僚属们。不论是从资历上还是从官阶上来说，他们都是后起之秀，封德彝也能在他们面前摆出一副忘年交的姿态去套近乎，拉关系。有一次，李世民因为有要紧事急着召见时任吏部尚书的长孙无忌，

长孙无忌一时情急，竟然忘记将身上的佩刀解下来交给侍卫，就冲进了宫门。按照律令，这可是要命的大事——官员携带武器面见君主，按律当斩！

这件事因为关系到国舅，影响重大，故而李世民交给了封德彝来处理。封德彝是怎么应对的呢？

长孙无忌违反律令，判处徒刑一年。当然，这一年徒刑也不会真判，而是罚铜二十斤代替。

是不是判得太轻了？这可是死罪啊，这样轻判的确照顾到了李世民和长孙皇后的感情，可这大唐律岂不是就此失去了威慑力？

没关系，不就是要用血来维护法律的威慑力吗？有折中办法——宫门侍卫玩忽职守，陷圣上于不仁，陷长孙大人于不义，真是罪该万死，自然要判处死刑！这样岂不是就两全其美了？

铁面无私的戴胄闻讯又站出来阻止："长孙无忌是国戚，也是朝廷重臣，真要因为这么个小误会把他给正法了，是说不过去。但现如今你这样的处理方法也十分不妥，一旦传出去，你让天下的老百姓说咱们的皇帝是公平无私呢，还是昏庸无道？"

在戴胄的力争之下，侍卫终于没有被处死，但封德彝在面子上也闹得很不好看。不过，他心里清楚，他至少赢得了长孙无忌的好感。

所以封德彝在担任尚书右仆射这不到一年的短暂时间中，与房、杜、长孙等人打成一片，以至于原秦王府系统的人见了这位丞相都礼让三分。还有一次，担任御史大夫的杜淹给李世民提了一条意见："尚书省各个下属衙门的文档恐怕有错漏疏失的地方，请求批准派御史前去检查监督。"

这其实是御史台和尚书省之间争夺权力的一场小小交锋而已，然而被封德彝一句话就给顶了回去。

"朝廷分官设任，大家各有所司，不劳烦御史台来管尚书省的事情。真要是出了什么纰漏，御史理所当然应该纠弹。但现在要跑来尚书省把历年积累的那么多文档卷宗翻查考校一番,也太过麻烦琐碎了!"

李世民又问起杜淹的意见,杜淹一言不发,再问他:"你怎么不坚持原意了?"

"臣是一片公心,择善而从。封大人刚才说得有理有据,确实是臣开始想得不够周到。臣服了,没有什么意见了!"

其实,杜淹这个人李世民清楚。他哪来那么多公心,还不就是想把手伸到尚书省里面去而已。没想到封德彝一改唯唯诺诺的脾气,反应激烈。这可好,自己得罪了长孙无忌、房玄龄、杜如晦,还送给了封德彝一个天大的人情。这叫什么事呀!

算了,知难而退吧,杜淹是真服了。

这是封德彝对新贵的手段,对同僚又如何呢?

朝堂上的武德遗臣中,裴寂被慢慢架空,朝不保夕,只有发牢骚招人讨厌的份。陈叔达无可无不可,只有萧瑀跟封德彝共同掌管尚书省,萧瑀脾气还挺倔,封德彝对他是怎么看怎么不顺眼,于是萧瑀首先成为他排挤的对象。

其实说起来,萧瑀对封德彝有恩。封德彝之所以能在武德年间做上中书令,成为事实上的丞相,完全是因为萧瑀的举荐。然而事实再一次证明,封德彝考量的,只有权力,没有恩情。

怎么挤走萧瑀?说起来封德彝的手段其实很有点市井无赖的味道。按惯例,尚书省内的事情往往是他两人共同商议好了,达成了一致性意见之后,再向李世民禀报。然而,经常会出现这样的情况,明明已经定案的事情,封德彝一来到李世民面前马上会拿出一套截然不同的方案,对萧瑀的意见进行激烈的攻击。

时间长了,佛都有火,更何况是萧瑀这块"老姜"? 可是没办法,吏部尚

书长孙无忌、兵部尚书杜如晦等人几乎都偏向封德彝,萧瑀在尚书省内是越来越孤立。

人一受排挤,脾气就容易变坏。脾气一变坏,就容易出娄子。有一次,萧瑀因为跟陈叔达意见不合,在朝堂上大吵起来,这下彻底惹火了李世民,隔天便送给他们一顶对皇上不敬的大帽子,统统罢官免职了事。而封德彝,不用说,心里肯定是暗喜无疑。

这是排挤同僚,那打压异己呢?在异己方面,封德彝最大的对头便是以魏徵为首的原宫府旧人。他挤走萧瑀和陈叔达之后,更要卖力地在李世民面前表现一番。还记得李世民即位之初的突厥入寇事件吗?一时间,扩军备战,防御突厥成为朝堂之上的一项重要工作。

要准备打仗了,这兵源却成了一个大问题。隋末的战乱局面刚刚结束,人丁稀落。按当时的兵役法,年满十八岁的男子才能被征召入伍,可是到哪里去招足够的壮丁呢?

为了显示自己的行政才干,也为了迎合李世民急于整军经武的心情,封德彝提出了一个主意——征兵标准不应该一味以年龄划线,对未满十八岁,然而身材魁梧的男丁,也可以一并征发。

这是个办法!这样不出多久,就可以编练出一支大军了。李世民立刻下令按此意见草召,然后送往门下省,签字画押后就可以加以实施了。

然而,此令一出便有人跳出来"作梗",不是别人,正是李世民刻意引入门下省系统担任专门负责签名盖章职务的给事中——魏徵。他拒不签字!

封德彝为了展示自己的执行力,不惜纡尊降贵,多次亲自跑去门下省和魏徵交涉,而魏徵压根就不理睬他。虽然贵为当朝宰相,封德彝还就拿这个小小的门下省给事中没有办法。

这就是制度制衡的力量。

实在没有办法,封德彝一转身,把状告到了李世民这里。李世民听了之后也火了,这不是有意耽误朕的经国大计么!于是连忙把魏徵找来,好一顿批评。

魏徵倒是毫无惧意:"我听说涸泽而渔,一时可以丰收,但明年怎么办?焚林而猎,固然可以大有收获,但来年怎么办?现在把这些未成年的孩子征召入伍,他们背负的徭役租税又由谁来承担?再说了,兵贵精不贵多。只要训练得法,照样能组建起一支精锐部队,何必要这么多人来凑数呢?"

李世民一时哑口无言,在这件事情上,确实是他想得不够周到。再说了,李世民把魏徵引入中书省,不就是为了防止自己走上隋炀帝的老路,因为一己冲动而拖累天下吗?

魏徵做得对!李世民大大地表扬了他,不但撤回了诏令,还赏赐给他一口金瓮。当然,这样做自然也就表明封德彝做错了,估计封德彝心里当时一定对魏徵恨得牙痒痒。

其实,他们之间的矛盾是有缘由的。同样作为宫府旧人,李建成身边的心腹,只有魏徵得以参与密谋,而李建成对当时封德彝当面一套背后一套的伎俩,其实心里有数。正因为如此,封德彝才将魏徵、王珪等人视为眼中钉、肉中刺,时时刻刻小心戒备着。

靠迎合上意来固宠,靠排挤同事来把持朝政大权,靠笼络长孙无忌等新贵来建立新的利益集团。封德彝的野心,就在于将整个尚书省改造成他的独立王国,让长孙无忌他们都跟自己订立攻守同盟,沆瀣一气,把他们改造成新的官僚。记得有一次,李世民责备封德彝:"朝廷几次三番地下诏举荐贤才,朕也多次拜托你替朕留意才干之士。为什么你就是一直没有动静?"

封德彝一脸无辜地回禀:"不是我不尽心,实在是当今没什么贤才。"

李世民立刻又给了他一顿批评:"胡说八道!君子用人就好像使用器物一样,各取所长。古代那些治国的贤臣又是从哪里来的呢?难道是他们把

今天的人才都借走了吗？你自己没有知人之明也就罢了，如何能污蔑天下没有贤德之辈！"

其实李世民心里很清楚，封德彝不过就是想一个人牢牢把持住尚书省，进而把持住整个官僚机构而已。李世民是群臣心目中那个英明神武的皇帝，即位前后，他对官场权力的重新组合布局也让许多明眼人暗自惊叹。然而历经数朝，自居人精的封德彝就是不相信，这个年轻的皇帝怎么能斗得赢延续这么多年的官僚传统习气！

他相信，如果说李世民是坚硬的磐石，那他就是不倦的流水。俗话说，滴水可以穿石。只要假以时日，李世民必败无疑。也许在战场之上，李世民是独一无二的王者，在官场之上，他总归还是得靠自己这样的老官僚来主持运转的。单靠李世民自己，是铁定玩不转的。

然而封德彝想错了，他以前一定没有碰到过像李世民这样的对手。如果说他那些阴柔的政治手腕在久经官场的李渊面前能够施展得如鱼得水的话，在李世民这里就只有处处碰壁的份了。因为，他赖以生存和施展手腕的政治生态，在李世民这里将产生巨大的变化。

在政治架构方面，李世民作出了进一步的调整动作——凡是中书、门下以及三品以上官员人阁议事，都要有谏官在场。有什么缺失错漏的，谏官有责任当场指出。自然，这实际上给予了谏官参与朝政决策的机会。而这，正是封德彝最不愿意看到的。为什么呢？

中书、门下以及三品以上官员人阁议事，其实就是宰相们开办事会议。当时的宰相班子可以说是新老咸集，这些老臣的存在对李世民推行自己的执政理念会带来或多或少的阻碍。萧瑀和陈叔达虽然被暂时逐出了宰相班底，然而在李世民提拔起来的几位大臣中，宇文士及最会做人，高士廉和房玄龄又基本上属于同一类人——心思缜密而处事低调，再加上他们在宰相队列里资历尚浅,故而无法对封德彝形成制衡格局。长此以往,必然会出现封德彝一枝独秀的局面,这也正是封德彝期待的结果。

而李世民之所以别出心裁引入谏官来参与宰相议事,正是为了破解这一局面出现的可能。皇权与相权,自古以来便是一对冤家对头。作为皇帝,即便是铁打的筋骨,数十年如一日地处理全天下的政务工作也是吃不消的,必须得把一部分权力让渡出去,这才有了宰相一职。

然而当宰相的权力逐渐坐大的时候,又会对皇权造成威胁——权臣乱国、权臣篡位的例子比比皆是。就算不至于如此,任何一个稍有志向的皇帝也不愿意大权旁落到别人的手中。一般来说,宰相并不会公然违抗皇帝的命令,但他可以选择隐形的夺权手段。比如垄断皇帝从外界获取信息的管道,或者把控引进人才的渠道。这样一来,皇帝耳中听到的,都是对权臣有利的消息;皇帝身边所围绕的人,也都是权臣的心腹亲信;皇帝所要作的政治抉择,只能从权臣给予的选择中进行挑选。而皇帝本人还被蒙在鼓里,自以为圣心独断、说一不二。

这是多么可怜的一幅场景!

因此才有了后来皇权不断分化瓦解相权的举动。怎么分化呢?就是在正式的宰相班底之外,建立起一套并行不悖的私人秘书队伍。这支队伍有两个重要的功能:第一,成为皇帝的耳目,使得信息不至于为某一个人或者某几个人所控制;第二,成为皇帝的参谋人员,替皇帝出主意,想办法。当然,最后的拍板权力仍然掌握在皇帝的手中。到最后,这套秘书班子将会逐渐将原来的宰相机构架空,并取代它在政治舞台上的作用。如今的尚书省、中书省、门下省实际上就是这一权力斗争格局演变的产物——它们曾经也不过是皇帝的私人秘书团队而已,可在今天,无论是从名义上,还是从实质上都成为了尾大不掉的宰相团体。

解决的办法当然很简单,无非是把老祖宗用过的法宝再用上一遍而已。

不过，这样做也会带来一些弊端。首先，中书取旨，门下复核，尚书执行的流程已经非常完善了，一旦有大变动，运作起来可能反而不如现有的机制；其次，精简官吏，减轻国家的财政负担正是李世民下一步的施政方针，李世民可不想再搞出第二套三省班子来养着。因此，李世民想出了第三条路子——把宰相议事制度扩大化，根据实际需要，引入新的臣下参与到政事决策过程中。而最合适的人选，就是谏官们了。他们因为不直接过问实际的行政事务，故而不可能与原三省机构的决策和行政官员出现官官相卫的局面。另外一方面，因为其官职相对来说较为卑微，也不至于发生坐大的情况。最后，也是这一制度最为关键的所在——谏官议政，并非常设性的专员专职，其人员构成随时会发生变化。李世民可以根据实际需要，临时给某位臣下加上"参知政事"或"平章国事"之类的头衔，给予他进入核心议政圈子的权力。当然，李世民也能通过这种手法来确保最终决策不至于偏离自己的控制。而表面上，这一方法又没有对三省和议的相权进行本质性的触动。何乐而不为呢？

朝堂上的各派政治势力仍然在根据自己的判断进行着重新整合，看似平静的表面实则暗流涌动。封德彝的野心基本上被李世民圈禁在了尚书省一隅之地，在旧有势力还未完全化解完结之前，李世民还需要在某些方面借助他的力量。而原秦王派系中的个别人也开始跃跃欲试起来，其中的代表人物，便是杜淹。

监　察

如果把李世民的人才队伍比作兵器库的话，那么，长孙无忌好比一柄宝剑。剑乃百兵之首，为身份和地位的象征，但凡文人士大夫，腰间都要挎上一口宝剑，方显器宇不凡，卓尔不群。长孙无忌的作用在于他能整肃群僚，庄严礼仪。房玄龄，好似一条软鞭，最善以柔克刚，以守为攻，看似中庸，实则凌厉。杜如晦，更像一柄长枪，横空出世，一枪锁喉。尉迟敬德，则是李世民手中的一把巨斧，要披荆斩棘，开出一条险路的时候，自然离不开这位老兄。而杜淹，更像是李世民手中的一柄暗器。

暗器？堂堂的大唐天子竟然会使暗器？要知道，行走江湖的侠士好汉，或用枪、或使箭，貌似没有几个人是使暗器的，这好像不该是英雄所用的兵刃。

没错，李世民手中不仅有堂堂皇皇的宝剑，还有像杜淹这样的暗器，来去无影，杀气森森，让人闻之胆战心惊。

杜淹这个人，出身于官宦世家。他的祖父杜业曾任北周豫州刺史，父亲杜征也做过河内太守。但这些对李世民来说都没有什么，唯一值得一提的是，论辈分，杜淹还是杜如晦的叔父。

不过，杜淹完全不是因为这层亲戚关系而受到李世民重用的。那是因为什么呢？

杜淹打小就以聪明多才而著称。不过也许是聪明过了头，他怂恿自己的朋友说："当今陛下喜欢用隐士，不如我们去太白山隐居，这样也好更快地博取功名。"

两人办起事来雷厉风行，二话不说便搬去太白山做了假隐士。可那时的"当今圣上"是谁，是察察为明的隋文帝。他得知实情后，震怒不已。

这不是把自己当白痴吗！

于是杜淹博名不成,反被流放到了江南。辗转沉浮许久,才在隋炀帝大业末年混上了御史中丞这个不大不小的四品官。隋朝灭亡之后,他投靠了王世充,被任命为吏部尚书,颇受信任。而这个时候,杜淹的侄子杜如晦也已经成为李世民的首席谋士,昔日的亲戚却变成了兵刃相向的敌人。于是,杜淹又干了一件遭人非议的事:他向王世充进言,将杜如晦在洛阳的两个兄弟逮捕下狱。哥哥被杀,弟弟在牢中差点饿死,最后侥幸活了下来,他就是杜楚客。

如果说是各为其主,那也说得过去,然而杜淹这样做,却是因为他平时与杜如晦兄弟关系不好,借机公报私仇。这就让人不齿了。

风水轮流转,不久洛阳城被攻破,杜淹作为王世充的心腹大臣,也在将被诛杀的行列。这时候,有人站出来为他求情了。

求情者不是别人,正是差点被杜淹害死的杜楚客,他极力劝说杜如晦利用自己在李世民面前的特殊身份将这个叔叔给保下来。

杜如晦当然不愿意,他向来就是一个爱憎分明的人。尽管杜淹是自己叔叔,但两人平时一向没什么交集,而且他还害死了自己的哥哥,自己怎么可能为这样的人求情!

杜楚客急了,甚至要横剑自刎。他声泪俱下地说道:"叔叔已经害死了我们的胞兄,如今我们看着自家叔叔就要人头落地,却袖手旁观。大家都是一家人,却如此自相残杀,真是让人寒心啊!"

杜如晦为弟弟的大义所感动,这才在李世民面前保下了杜淹。这位昔日王世充跟前的大红人的命虽然是留住了,却丢了官职,一时间落魄得很。热衷功名的他不甘心就此沉沦下去,于是他又开始了钻营活动。

投靠谁呢?天下大势已定,要想再谋一个出身,就只有在大唐的朝廷里择木而栖了。当时的太子和李世民,都称得上是好去处。不过,因为杜如晦的关系,杜淹当然没有脸面到李世民这里来谋一个出身。想来想去,他决定走封德彝的门路,到李建成那里求取一个差事。

对此李世民本来没当一回事,可在李世民府中专司人才组织工作的房玄龄闻讯后,大呼不可。

"杜淹这个人,善于权术,狡诈多机变。如果大王放任他投到李建成门下,那等于是留下了一个大大的祸患。假使日后东宫和秦王府之间有什么不测发生,在其中捣鬼坏事的,一定就是这个杜淹!"

那能怎么办? 腿长在他自己身上,李世民总不可能把他抓起来杀掉吧?

"不须杀,不能纵! 上上之策,莫过于将杜淹招纳入秦王府中!"房玄龄胸有成竹地道出了自己的打算。

"要我用这么一个人?"当时的李世民,在听到房玄龄的主张之后,有点惊讶。

这个人,天性凉薄、狡诈、热衷功名、冷酷无情而又不择手段。老实说,李世民并不想让这样的人伴随在身边。

"殿下,就算孟尝君手下也有鸡鸣狗盗之徒。非常之人,能行非常之事。冲锋陷阵,无人及得上尉迟敬德;妙算筹划,老臣愿尽微薄之力;定策决断,杜如晦乃是个中翘楚;若论忠贞不贰,长孙大人是当仁不让。可是要说起办点隐秘的事,刺探消息,暗中串联什么的,殿下还真得用杜淹这样的人!"

就因为房玄龄的这席话,杜淹被引为天策府兵曹参军、文学馆学士,一时间竟又变成了李世民跟前的红人。李世民也慢慢发现,这个杜淹要论玩起什么阴谋权术来,其执行力确实十分惊人。那段时间里,李世民经常与杜淹夜以继日地长谈,谈的当然不只是诗文那么简单。而杜淹在受到李世民如此的礼遇之后,也大为感激,颇有效死以报的决心。其实在杨文干事件中,杜淹就秘密策谋了李建成手下尔朱焕和桥公山二人告密的一出戏。可惜,就在李建成快要彻底落水的时候,由于李渊的偏心和犹豫而功败垂成。而杜淹,也为李世民背上了一个大大的黑锅,被李渊视为挑起宫府事端的

"教唆犯",远远地发配到了外地。

再一次跌入人生低谷的杜淹似乎并不像以前那样彷徨无措,他已经找到了自己的主人。他知道,只要李世民最终能够得胜,就还会有再用他的一天。

这一天,他等到了。李世民即位之后,就将杜淹召回京城,任命他为御史大夫,从三品,负责起监视百官群僚的重任。一时朝中人人为之侧目,因为大家太知道这位杜大人是一个什么样的人。

李世民当然也知道他的人品,所以才要把他安排在御史大夫的位置上。说得不好听一点,御史大夫和御史台就是皇帝的耳目、鹰犬。要尽忠职守,要不怕得罪人,要冷酷无情,要善于从事各种秘密刺探工作去摘发奸私。这个工作,杜淹来做最合适不过了。

不过,他的活动范围也必须在李世民限定的圈子之内,不可得意忘形,私自越界。因为,杜淹是鹰,不过得拴在鹰架上,一旦将他放飞入三省之内,那他的野心和权术便会不受控制,惹出无穷的麻烦和祸患。也正是由于这个原因,李世民没有支持此前杜淹所提出的议案——借督查为名插手尚书省的日常行政工作。而事实也证明,杜淹在这条红线之内,确实是干得非常卖力。他后来还曾经担任过检校吏部尚书的职位——当然,这是一种荣誉性的加衔。在这个加衔之下,他有向李世民推荐官员的责任,却没有实际插手吏部日常工作的权力。杜淹前后推荐过四十多位官员,这些人在日后大多成为名臣,这也算他的贡献吧!

然而,李世民始终不曾忘怀杜淹是一个什么样的人。李世民不是圣人,他的这种鄙薄之情偶尔还是会无意识地流露出来。有一次,杜淹向李世民推荐时任刑部员外郎的邸怀道。李世民随口问起:"怀道这个人才能品行如何?"

杜淹回答:"他曾在前朝做过吏部主事,有清廉稳重的好名声。有一次,炀帝准备去江南游玩,召集百官询问意见。大家都怕触怒炀帝,所以极力劝他成行,只有怀道虽然官卑职轻,却独言不可。"

看着一本正经的杜淹,李世民顿时想要借机戏耍他一番。

"杜爱卿言之有理,不过当时你应该也在隋炀帝的朝堂之上,那时你是什么意见啊?"

杜淹倒也老实:"臣和大多数人一样。"心中估计在暗自嘀咕,"好好地说着邸怀道的事,怎么扯到我身上来了呢?"

李世民抓住他的话批评道:"你夸奖邸怀道敢于直谏,为什么自己不敢这么做呢?"

杜淹见来者不善,连忙辩解起来:"臣那个时候言轻位卑,知道说了也没用,徒然为之招来杀身之祸,恕臣不敢谏言。"

好家伙,跟李世民玩起了诡辩术,岂不知李世民正是这方面的高手。李世民兴致勃勃地继续反击道:"孔子云,老是顺着父亲的意思,不一定是孝子,所以'父有争子,国有争臣'。你既然觉得隋炀帝是无道昏君,那为什么要留在他的朝廷上吃他的俸禄呢? 你做了他的臣子,又不能尽忠职守,这算得上忠臣所为吗?"

言毕,李世民环顾左右,又说道:"你们也讲一讲史上的进谏故事来听听吧。"

王珪闻言,上前解围道:"商朝的时候,比干因为直谏而被杀。孔子赞扬比干称得上是'仁',因为他位高权重,责任重大,俸禄优厚,当然应该据理力争。而小官地位低,说话的分量也要轻上许多,若是有所保留,也是可以被宽容的事情。"

听了这番解释,李世民更加来了兴致,又追问道:"王大人要说人微言轻可以不谏,那杜大人后来归降王世充,王世充给的官可不小啊,那时候为什么也不谏呢?"

杜淹嘟嘟囔囔地还想辩解："我不是不谏,是说了他也不听。"

"好,说了他不听。王世充要是贤德善于纳谏的话,就不至于亡国了;而他要是昏暴又讨厌进谏的人,那爱卿你也不可能活到今天。杜爱卿,你到底是怎么谏的啊?"

杜淹哑然无声,群臣掩嘴窃笑,这番辩论以李世民的全胜而告终。不过,看着伏在地上面红耳赤的杜淹,李世民也觉得这番玩笑开得稍显过头了些。虽然李世民对他以前的行为不满意,可如今他并无过失,若是过分折辱他,那反倒不好了。

于是,李世民和缓地对杜淹说道:"你在隋炀帝的时候人微言轻,朕不怪你,不过今天你位高权重,愿意尽到直言相谏的责任吗?"

杜淹好像快溺死的人抓住了一根救命稻草,叩头不已,大声喊道:"臣愿尽死效忠!"这场关于纳谏的辩论才算画上一个句号。

不过,玩笑归玩笑,轻蔑归轻蔑,李世民还是得重用这个杜淹。从武德九年(626年)李世民正式入主东宫以来,一直到改元贞观的头两年,朝堂上一时风云变幻、纷繁复杂。

早在贞观元年(627年)三月的时候,有人控告凉州都督李幼良有谋反的举措。李世民急忙派遣中书令宇文士及以代凉州都督的身份赶过去救火。后来的结果是李幼良被赐死,而宇文士及也就留在那里做起了善后的工作。六月份的时候,"雄心勃勃"的封德彝也病死在了任上。宰相班子的人数有所缩减,不得不重新请回被闲置起来的老臣萧瑀来接手尚书左仆射一职。又过了一个月,李世民将吏部尚书长孙无忌提拔为尚书右仆射。从此,新人逐渐打破了原来新老制衡交替的局面,成为朝堂上的主流。

人事变动过于频繁,当然会有暗流涌动,一些正常的工作也会受到影响。甚至会有人假借这个变动不居的时机来达成某些不可告人的私人目的,这时就需要倚重像杜淹这样的"耳目"发挥作用了。贞观元年八月发生了一起事件:时任黄门侍郎,负责检举监督事务的王珪向李世民呈上了一份密奏,而这封密奏,并没有直接交到李世民的手上,而是通过侍中高士廉转呈上来的。

这本是一件再正常不过的事情,然而高士廉的自作聪明把整件事情都搞得复杂了。他拆看了密奏,里面的内容让他大吃一惊。密奏中举报了一位"意图谋反"的朝中重臣。而这位重臣不是别人,正是在凉州做安抚工作的当朝宰相——宇文士及。奏章中引述告密者的说法称,宇文士及在凉州作威作福,私蓄死士,刁买人心,恐怕暗藏作乱的野心,请朝廷早日派人严加查访。

谋反,这在那段时期是一个极为敏感的词,因为当时的局势实在是太复杂诡谲了。在看完这份密奏之后,高士廉作出了一个奇怪的反应——将这份密奏压了下来,既没有告诉李世民,也没有给王珪作出解释。

高士廉这样做,可能基于两个理由。于私,他跟宇文士及的关系不错,不希望看到宇文士及因为一段没头没脑的密告而遭到横祸。于公,这封密奏牵涉到的是曾身为宰辅的地方大员,一旦处置失当,很有可能会带来不小的负面影响。在高士廉看来,要平息局面的最好办法就是持重镇静,而不是把事情闹大。

高士廉的想法也许有他的道理,不过,他忽略了一件事,皇帝是李世民,而不是他高士廉。即便他算得上是李世民的舅父,又在玄武门之变中立过大功,还在朝堂上有举足轻重的地位,也没有权力代替皇帝作决断。作为皇帝,最敏感的禁区是什么?就是属下对自己隐瞒消息。说到底,所有的决策和行动都必须建立在对外界情报的掌握之上。李世民不是初涉政坛的天真孩童,深知这些消息密奏虚虚实实,真伪难辨,然而有一点没得商量,那就是必须能在第一时间掌握到全面的动态,特别是涉及"谋反"这种事情的。高士廉你有什么资格来代替皇上作出判断!即便是胆大独断如魏徵,在安抚

河北,自作主张放掉原太子官属李思行等人时,也只不过是先斩后奏!

李世民是怎么知道这件事的?当然还是通过杜淹。他干起监督工作来确实是一把好手,高士廉扣押密奏的举动丝毫没有逃过杜淹的监视。事发后,李世民很快下令免除高士廉的侍中职务,外调为安州大都督。至于宇文士及那头,他在凉州为官期间确实大过张扬,但以李世民对他的了解,他其实不大可能作出什么谋反的举动来。然而因为高士廉这一番画蛇添足,事情反而弄大了。怎么办?只有将宇文士及扣押起来调查一番。这样做,更多的意义在于杀鸡儆猴,警示包括原来秦王府系统的大臣们——不要以为你们立过功劳,今天就可以为所欲为。没有我的正式授权,千万不要干出什么越轨的事情来,不然捅出了娄子,倒霉结局可就得自己担着。

最终的调查结果当然是子虚乌有,宇文士及虚惊一场,灰溜溜地回到了京城。为了对他在凉州过于高调的行为表示薄惩,李世民给他安排了"殿中监"这一新的职务,负责自己的生活起居等杂事。论地位,这一职务算得上是与帝王亲近无比,然而论职权,却失去了昔日三省主官那样的显赫地位。

从这件事情上可以看出,杜淹在当时对李世民来说,作用是多么的重大了吧。正因为他的这项功劳,才能够以御史大夫的身份获得参与朝政的资格,成为实际意义上的宰相之一,与裴寂、萧瑀、长孙无忌、房玄龄等人并肩站在一起。

不过,杜淹的仕宦之路到此时也差不多走到了尽头。李世民是绝对不会把一个密探高手放到实际的政务执行岗位上去的,尽管杜淹自己没有意识到这一点。然而命运待他不薄,在他看清这个问题之前就拿走了他的生命。贞观二年(628年)十月,杜淹病逝。满朝文武也许都长舒了一口气,而李世民在其死后极尽哀荣,场面让旁人看了甚至都有些嫉妒。

因为李世民知道,他失去了自己的眼睛和耳朵。耳目不明,焉能辨事?看来,是重新发现培养第二个杜淹的时候了。

施　压

再把视野放到朝堂之外,封疆之中,会发现还有一些隐伏的麻烦没有解决,其中的一个麻烦,就是王君廓。

王君廓这一生,是一个悲剧,尽管在有的人看来,他的结局颇有几分喜剧色彩。关于他,最终只能用一句话来盖棺评定——性格决定命运!

他以阴谋手段排挤掉李瑷的这一既成事实得到了李世民的承认,他正式成了幽州的方面大员。从那一天开始,王君廓才真正感受到了列土封疆的快感,政由己出,说一不二,不亦快哉! 于是乎,接二连三的告状信如雪花一般飞向京城。纵览大概,无外乎都是奏称王君廓在任上胡作非为,无法无天,要求朝廷对其严加查办。

那个时候,李世民还忙着整合朝堂上下的各派势力,地方上的诸侯们也不让李世民省心,常常是按下葫芦浮起瓢。原李建成、李元吉派系的支持者就不说了,连以前派去镇守地方的许多李唐宗室也各怀异志,一个个的都不是善茬。李世民自然不可能抽得出手去管教一个跋扈的王君廓。

对这一点,许多理想主义的人是不能够理解的。贪污腐化,胡作非为,就应该严加惩处,怎么能够姑息养奸呢? 对这种看法,李世民也只能叹息摇头了。政治不是非黑即白,也不是说一不二。政治是在两件糟糕的事情里,选出相对不那么糟的,政治就是在手头资源最为紧缺的时候,把好钢用到刀刃而不是刀背上去。

就好像东魏初年的时候,文臣武将贪污成风,行台郎中杜弼以廉洁官场自任,他强烈要求当时东魏的当家人高欢对这种风气加以整治。否则长此以往,国将不国。

然而,高欢的回应让人大跌眼镜。他让兵丁们刀出鞘,箭上弦,杀气腾

腾地排成两行,然后命令杜弼从行列中走过去。这样折腾一番,刚才还义正词严的杜弼竟然吓得汗流浃背,哆嗦起来。这个时候,高欢才开导杜弼道:"光是让你在刀丛里走一遭,你都吓成这个样子。这些军人将领们在战场上要冒多大的风险,现在你该明白了吧?他们尽管贪赃枉法,但是为国立下汗马功劳,再加上现在天下未定,我若惩处他们,这些人岂不是要统统跑到我的对手那里去?现在这个情况还要再忍一忍,你提醒我的话我不会忘记。"

果然,高欢逝世之后,战乱频仍的局面逐渐安定下来。他的继任者高澄和高洋都开始大力整顿吏治,处罚贪污,一时间朝堂气象为之一新,杜弼的愿望终于在这个时候得到了实现。不过,若是当初便赋予他权柄,由他来整治贪腐,结果又会是什么样子呢?

多半是事与愿违,东魏的局面将一塌糊涂吧。

好心办坏事,这就是理想主义者理政的后果。而目前对于王君廓来说,李世民所面临的处境与当年的高欢相似。不过,王君廓的问题却容不得等到李世民慢慢将朝堂内外一一理顺再说了。

贞观元年(627年)正月,燕郡王李艺起兵作乱,为左右所杀,传首京师。

同年四月,凉州都督李幼良身陷谋反大罪,被赐死。

这一连串事件,都在强烈地刺激着王君廓那敏感的神经。

前面说过,在王君廓的心中,这个世界上只有利益,只有出卖,只有背叛,只有猛兽出没的丛林。他一定在怀疑,再这样下去,也许朝廷下一个要对付的,就应该是自己了。

李世民确实也在考虑这个问题,但怎么消除这个隐患呢?一般来说,有两条路可走。急的一手,便是快刀斩乱麻。乘他还没有做好全盘准备之际便出手解决问题。

缓的一手便是安抚,像供大爷似的把王君廓供起来,然后再慢慢寻找机会把他从敏感的岗位上调离。

前者,收效快,耗时短,但很有可能会带来巨大的损失。后者,见效慢,非常考验耐心,而且中间的过程很难预测拿捏,等问题解决了,估计造成的实际损失也不会小。

思虑半天,李世民选择了一种别人完全想象不到的方法——跟王君廓打起了心理战术。

怎么打? 很简单,李世民用兵的原则便是出其不意,绝对不按对方熟知的套路出牌。而王君廓向来以机变著称,对刚才所说的两种常见套路,自然也一清二楚,他正等待李世民按惯例派人前来掺沙子呢。

不管是玩急的一手,还是缓的一手,王君廓都自信他有足够的权谋机变来见招拆招,除非来的是房玄龄、杜如晦、杜淹这样的政治高手,不过,他们很显然不可能来。

王君廓万万没想到,等来的这位中央派下来的搭档,是李玄道。

李玄道是什么人? 天下知名的大文士,在隋代做过齐王府的属员,后来又先后替李密和王世充负责文书工作。王世充败后,投入李世民门下,做了秦王府主簿,更成为天下读书人都羡慕不已的文学馆学士之一。论学问,那他自然是饱读经史,独步当世;论人品,则是清廉正直,有口皆碑。

且慢,这样看来的话,李玄道不过就是一个学问高深的书生而已。这样的人满腔都是齐家治国平天下的美好愿望,坐而论道还可以,可一旦进入实际的政治舞台,就处处显得有些迂腐,不知变通了。前面说了那么多,李世民怕的不就是这种不知实际事务的书生因为意气用事而激怒王君廓吗,可为什么又偏偏派李玄道去呢?

个中奥秘恰恰在于,这位新走马上任的幽州都督府长史李玄道,是王君廓从来没打过交道的那类人。

想套近乎吧，一个是武将，一个是文人，怎么可能说到一块去。想施展手段拉拢过来吧，这个李玄道张嘴就是忠孝仁义，一脸正气，不是拿出圣贤的那一套来规劝自己，就是威胁说要上告朝廷弹劾自己。甚至有一次，不管不顾地自作主张放走了王君廓强抢来的民女，把王君廓气得够呛。可要说这个李玄道真的在背后动什么歪脑子准备挖坑给自己跳吧，看他那近似于迂腐的行事作风，又好像干不出那些阴谋诡计来。

怎么办？王君廓彻底被搞糊涂了。

他知道，李玄道威胁说要告自己的那些状，其实说大不大，说小不小。自己当初曾是李世民的得力战将，今天也算是封疆大吏，只要不牵涉谋反的重罪，即便是平日里横行不法，作威作福，李世民也不至于真的要处理自己。

可是，天天让这个李玄道在眼皮子底下捣乱，也的确不省心。他到底想干什么呢？别看他一脸老实，成天装得跟正人君子似的，背后一定有阴谋。这个李玄道不简单，我得防着他。不过，手上没有他要对我不利的证据，想对付他也无从下手啊！

于是乎，王君廓决定先观望一阵再作打算。面前这个对手貌似单纯，又好像深不可测，王君廓自然不能轻举妄动，以免陷入被动的局面。弹劾我，我忍。私自放走我的女人，我也忍。等时机到了，再要你好看。

这就是李世民想要的结果——让李玄道来稳住王君廓，压根就不需要因为刻意纵容笼络他而破坏法纪，他就被唬了个战战兢兢。

庄子讲过一个故事：春秋时期，周宣王最喜欢斗鸡，一位大臣声称可以为他训练出天下无敌的斗鸡。最后，这位大臣训练出来的斗鸡看不到一点英勇善战的样子，反而呆呆钝钝，像只木头鸡一般。可是一把这只鸡放进斗鸡场之后，奇迹发生了。不管其他的斗鸡如何挑衅，这只呆头鸡都毫无反应，这反而使得它的对手纷纷不战而逃。

摸不清底细的对手，实在是太可怕了。而且，一旦你遇上的是一个压根就和你生活在不同精神世界里的对手，那估计你一辈子也摸不清他的底细。

狡诈反复的王君廓搞不定忠厚直爽的李玄道，正是这个道理。

不过，接下来发生的事，完全出乎了李世民的意料。

贞观元年（627年）九月里的一天，王君廓奉诏入朝。那个时候，他心里倒还是很坦然——若皇帝真准备对我动手，似乎也不会派李玄道这样的人来做铺垫文章，也罢，正好上京表表忠心，借机再告告李玄道黑状。

思量已定，王君廓整治行装准备上路了。正在此时，李玄道一个无意的举动彻底改变了王君廓的人生轨迹。

李玄道掏出一份家书，请求王君廓顺便帮忙捎给自己在朝为官的本家舅舅。

李玄道的舅舅是谁？正是当朝宰相——房玄龄。

一开始，王君廓还没有把这封信当回事。然而上路之后，或许是旅途寂寞，又或许是搞阴谋的天性发作，王君廓做了一件不太道德的事——他悄悄拆开李玄道的这份家书，想看看里面到底写了些什么。

不看还不要紧，一看之下，王君廓傻眼了。

这封信上的字龙飞凤舞，王君廓连一个都认不出来，又怎么知道信上到底写了什么？

当然，王君廓也不是文盲，只怪他跟李玄道的文化水准差得太远。这封信是用草书写就，王君廓虽然识字，可怎么也看不懂这封草书啊，当时他心里就犯起了嘀咕：

李玄道是个读书人，读书人的心眼，肯定比我们这些赳赳武夫要深得多。他跟我共事这么长一段时间，应该知道我是个什么样的人，他怎么会放心把家书托付给我呢？这肯定是他有意为之！兵法有云："虚则实之，实则虚之。"那么，他为什么又要用这种让人根本看不懂的暗号来写信呢？还不

是不想让我知道这信的内容吗……莫非，这信中说的是我的坏话？他想借他舅舅房玄龄的渠道告我的黑状？

想到这里，王君廓拳头都捏紧了——好你个李玄道啊，枉我以前还把你当成老实的书生，你这是处心积虑地要坑害我啊！他再展开这封信细瞧，还是一头雾水。王君廓简直快要疯了。

信上到底写的是什么？我该怎么办？这估计是王君廓脑袋里想得最多的问题。到底写的是什么呢？自己过去做过的不地道的事儿不少，谁知道李玄道抓住了什么把柄。他也很有可能给自己加上一个子虚乌有的罪名。现在自己已经远离了幽州根据地，要逃回去吗？估计一旦逃走，沿途随便一个馆丞驿卒都可以把我绳之以法。要么还是冒死进京面圣？俗话说得好，最危险的地方就是最安全的地方，到时候见招拆招，也许还有一条活路可走……

王君廓怎么也不会想到，他聪明一世，机关算尽，最后入戏太深，自己把自己当成了阴谋迫害的对象。他就这样一路走着，一路惊疑不定。走到关中渭南地界离京城不远的地方时，王君廓终于承受不住这巨大的心理压力而崩溃了。他找机会杀死了驿站的小兵，准备逃亡突厥，却在半路上被老百姓当做强盗杀死，稀里糊涂地去了阴曹地府报到。倘若他在泉下有知这到底是怎么一回事，估计能气得从坟里活过来。

念其过去的战功，李世民命人好好安葬了王君廓。不过，他的叛逃行为已经显而易见，故而李世民没收了他的封邑，将其贬为庶人。

这件事到此就算了结了吗？不，还没有。要知道，王君廓不是一个人，他身后还有一群与他利益相关的人。

像他这样的阴谋家，又长期镇守边陲重地，身边早已经聚集网罗了一大批党羽心腹。王君廓确实是因为叛逃而殒命的，这个事实已毋庸置疑。然而倘若人们问起他为什么叛逃，李世民应当如何作答呢？

极有可能出现的一种情况,就是在幽州城内,流言四起:皇帝派来的李玄道向圣上进了谗言,害死了我们的王大人,接下来,恐怕就要挨个对我们动手了!

陛下不是说过既往不咎的么？今天看来……唉,真是言而无信啊!

这就是李世民极力要避免的情况——不管王君廓如何不法,毕竟没有蓄意谋反的恶行。大家都是在乱世中九死一生过来的人精,谁会相信他是糊里糊涂地死在了一份自己读不懂的草书上?

李世民最终的善后措施是这样的——李玄道在幽州长史任上不能尽到匡扶王君廓的责任,在这场荒唐的"草书事件"中难辞其咎,理应受到连带处罚,削去职务,流放外地,以观后效。

幽州城内漫天飞舞的流言和猜测需要找到一个出口,找到一个可以具象化的对象。否则,这些流言经过碰撞融合,不知还会变出什么更匪夷所思的花样来。如今,这个对象找到了,那就是李玄道。

尽管还是有人对这个处理结果抱怀疑的态度,但不管怎么说,有一个态度明确的处理意见比什么都没有要好得多。同时,这也是把李玄道以流放的方式保护起来,以他那耿直不屈的性格,在幽州城里除了得罪过王君廓之外,不知道还得罪了多少跋扈的武将。一旦局势真的陷入混乱,首当其冲要受到荼毒的,就是李玄道。故而,不久之后他又被用为常州刺史,加授银青光禄大夫的从三品荣勋勋位。这也算是对他的一种表彰和认可吧。

幽州各路人马的骚动渐渐平息下来,大家不再纠缠于王君廓到底因什么而死,而是盘算起了自己将来的出路。幽州,这最后一个让李世民操心的地方也在这场意外事件中归于平静。

第四章

高超的平衡

暗　流

　　回想起来，从李世民即位之初一直到贞观十年(636年)这段时间里，大唐官场总体呈现出一派励精图治、欣欣向荣的景象。

　　许多让后世争相传颂的典故和美谈，也都出自这一时期。

　　贞观元年(627年)，废除肉刑，宽简刑罚；在武德年间的改革基础上继续并省州县，将全国分为十道，即关内道、河南道、河东道、河北道、山南道、陇右道、淮南道、江南道、剑南道、岭南道，废郡为州。同时命房玄龄精简中央官员，将两千多名京官裁撤为定员六百四十三人，大大减轻了百姓供养"肉食者"的负担。

　　贞观二年(628年)，李世民下诏由府库出资，赎回百姓因旱灾而被迫卖掉的子女，同时因连年水旱蝗灾大赦天下。当年京师大旱，飞蝗四起，心急如焚的李世民竟然当众抓起蝗虫吞入口中，对天祷告："假如你真的有灵，请不要再去残害百姓，就来吃我的心肺吧。"此举自然在青史上传为美谈。

　　也是在这一年，李世民接受李百药等人的谏言，前后放出宫内宫女三千多人。朝廷官员在李世民的鼓励下以直言敢谏为风尚。

　　有这样一个故事。有一天,李世民得到了一只上等的鹞鹰,正在爱不释手地把玩之际,魏徵前来奏事。李世民怕魏徵看见这只鹞鹰,于是一把将鹞鹰藏在怀里,没想到这一举动早就被魏徵看见了。他担心李世民玩物丧志,于是故意喋喋不休地进谏了很久,直到鹞鹰被闷死。这个故事旨在颂扬当时亲密无间的君臣关系,听上去颇有几分喜剧色彩。

　　贞观四年(630年),李靖大破突厥,彻底清除了大唐的北部边患。各部酋长纷纷前往长安请求李世民上"天可汗"尊号。日本遣唐使也自海外来朝,从此,大唐国威远播异域。还是在这一年,全国获得了久违的大丰收,米每斗不超过三四钱。这一年仅判决死刑犯二十九人。

　　贞观五年(631年),重申了判决死罪的五复奏制度,以示慎重。

　　贞观六年(632年),三百九十名死囚在被放出京师牢房,与家人团聚之后,于次年自动前来归狱。这件事情在当时震动天下,被传为千古未见的奇闻和美谈。

　　贞观九年(635年),大破吐谷浑,扫清了大唐的西部边患,大唐国威再一次远震宇内。

　　从以上这些一鳞半爪的图景中,我们可以看到,李世民治下的大唐国势蒸蒸日上,开国之初,百姓们流离失所,而如今仓廪丰实,安居乐业。开国之初,国家还要忍气吞声地向突厥示弱求和,而如今李世民已成为四方君长所推戴的共主。君王与百官和衷共济,推诚相待,这是多么令人神往的一幅景象!

　　如果你过分陶醉于此,你就永远也不可能看到,在这朝廷之下,官场之上,其实暗流涌动,危机四伏。

　　用一个词来概括这一时期的大唐官场,那就是"折腾"。

　　李世民折腾朝官,官员间也互相折腾。此起彼伏,不亦乐乎。朝堂上明枪暗箭,你来我往,实在是热闹非凡。

可能有的人百思不得其解——一个有内耗、有政争的朝堂，能打造出"贞观盛世"的黄金年代来吗？

其实，一个没有纷争的国家是根本不存在的。

人上一百，形形色色，如何能强求所有人都能团结和谐得好像一个人？有差异，就有政见上的分歧，做君主的才能在不同的意见中权衡取舍，择其善者而从之。否则的话，李世民要这么多的文武百官做什么？

然而，有了差异，有了政见上的分歧，自然会带来矛盾和冲突。这还是一心为公的情况，更不要提不同派系、不同集团之间在私利上的激烈斗争了。

私怨暂且不论，彼此都是一心为公，难道不能求同存异、顾全大局吗？

有人确实可以做到，但这不代表朝堂上所有人都能做到，也不代表朝堂上的官员们任何时候都能做到。其实，出自于利益上的冲突，有时候可以通过谈判妥协的方式来加以调和。而若是出自于理想公义、信念价值方面的冲突，往往是非此即彼，非黑即白，找不到调和的余地，因为，那是每个人心中固守的底线。越是大公无私、忠心为国的人越不可能在这个层面上做到妥协退让。

从这个意义上讲，要求做臣下的不折腾，非不为也，实不能也。

在李世民的立场上又会怎么想呢？其实，官场就好像一潭深水。古人云：流水不腐，若不能时不时地拿根棍子把这潭水搅上一搅，及时补充新鲜水源的话，它很快就会变得臭气熏天，蚊蚁横生。

从这个意义上讲，要求做君主的不折腾，非不愿也，实无奈也。

贞观元年（627年）十二月，作为官场折腾的第一个出局者，萧瑀落寞地离开了他不久前才再次得到的相位，被贬为太常卿。这次出局，当然跟他与房玄龄、杜如晦这些新贵搞不好关系有很大的原因。可以说，他是大唐官场

上最别扭的一个人，永远不会像封德彝、裴矩那样放低身段去靠迎合谁来巩固自己的位置，实现自己的主张或利益。

萧瑀，就是官场当中的刺猬！

李世民把这个人的名字牢牢地记在了心中，不仅是因为他在玄武门之变前有恩于李世民，李世民对其有更深远的考量，当然，这是后话了，这里暂且不提。

不过，当时在官场上招人忌恨的，倒还不是"刺猬"萧瑀，而是魏徵。在许多人看来，这个当初在李建成身边的重要僚属今天竟然能得到李世民的赏识和重用，实在让人难以忍受。他们心中不平衡，有怨气，这股怨气当然不可能冲着李世民，那就只能朝魏徵发作了。很快，一份举报魏徵任人唯亲，私下里提拔亲信官职的密奏送到了李世民的眼前。

对这个情况，李世民是非常在意的。要知道，魏徵当时担任的职务乃是尚书右丞。虽然名位在尚书左右仆射之下，然而尚书省内的一切日常政务，都归由尚书左、右丞分别处理。尚书左丞掌管吏、户、礼三部，而魏徵作为右丞，掌管兵、刑、工三部，都是十分重要的职务。如果他真像密告者说的那样，任人唯亲，那是大大不妥的。

为了慎重起见，李世民委托御史大夫温彦博前去调查此事。温彦博与魏徵一样，都不能算是李世民的嫡系，而是燕郡王李艺的老部下。再加上他办事稳重谨慎，应该可以避免党派利益的成见，秉公处理。

很快，温彦博反馈了自己的调查结论：要说魏徵任人唯亲，实际上并没有密告者说的那么夸张。然而无风不起浪，魏徵不知道远避嫌疑，虽然是抱着一颗大公无私的心在做事，但也应该加以批评提醒。

那么说，魏徵毕竟还是有做得不妥当的地方嘛。于是，李世民顺手把这个批评任务交给了温彦博，并且还当面警醒魏徵："从今以后，你还是要注意一下瓜田李下啊。"

当时，魏徵没有表态，看上去是接受了批评，认识了错误。然而让李世民没有想到的是，几天之后，魏徵借机在朝堂上回击了李世民。他一本正经地说："陛下，关于您那天说的话，微臣仔细琢磨了很久，臣认为，君臣之间本来该以诚相待，就像陛下对微臣那样。若是成天都把避讳嫌疑放在心上，该说的话不说，该做的事不做，第一时间想的都是会不会沾染嫌疑的话，国家兴亡可就不好说了，因此，微臣对陛下的批评持保留态度。"

这一席话一时还真让李世民有点意外，听上去似乎还有些道理。再加上魏徵又是李世民为了鼓励纳谏而亲自树立起来的一面旗帜，望着满朝文武，李世民也不好多说什么，于是大度地表态："是朕当时没考虑周全，你说得有理。"

听了这句话，魏徵似乎更加来了精神，朗声道："辅佐陛下是微臣的荣幸，希望陛下能够让微臣做良臣，不要让臣做忠臣。"

哦？在场的各位还都是第一次听见有人公然声称自己不愿做忠臣的，魏徵是得意昏头了吗？李世民大感意外，追问道："难道良臣跟忠臣还有区别吗？"

"当然有，后稷、契、皋陶，他们能与君王同心同德，用自己的智谋来辅佐主上，共享殊荣，这就是我所说的良臣。龙逢、比干抗言谏上，不惜拼得一死来换取好名声，可是却弃自己的君王于不顾，最终身死国灭，这就是我所说的忠臣！"

这番话说得深获圣心啊。李世民意味深长地扫了一眼群臣："你们都听听，协助我管理国家，可不是只图一时意气、沽名钓誉就可以做到的啊。不管是对我这位君王，还是对手中的政务，都要讲究方式方法，只要能达到良好的目的，哪怕是采用变通的手段也是可行的。千万不要效仿那些意气用事的书生，满脑子都是圣贤的条条框框，真的处理起实际事务来，迂腐又过

激，倒把做君主的弄得左右为难，这可就不行了！"

一时高兴，李世民当众赏赐了魏徵五百匹绢缎，以示嘉奖。

不过，李世民的心中，却再一次翻起了波澜。

老实说，这是一次传扬千古的君臣对话。魏徵一心为公、讲求实用的性格，李世民宽容大度、有过能改的气局，都毫不掩饰地展示在了所有人的面前。

然而，就是这样一个一心为公的魏徵，在还不到两年之后，被李世民免去了尚书右丞之职，调出尚书省，前往秘书省担任首长——秘书监。

秘书监，从品级上来看，为从三品，高于尚书右丞。然而从职能上看，却只不过相当于皇家图书馆馆长，与直接负责中央行政工作的尚书右丞相比，可谓明升暗降。

怎么会出现这样的人事安排呢？恐怕许多人会想不通。不过，在李世民的心里，自然有一番称量。

表面上来看，魏徵朝堂上的那番话堂堂皇皇，无可指摘，就连李世民也不得不佩服。要知道，李世民一向是以辩论高手自居的，然而放眼满朝文武，唯一能够跟李世民过招且还不落下风的，也就只有这个魏徵了。

魏徵的立论很清楚：内举不避亲，外举不避仇。而这两句话，也确实被许多为官者奉为圭臬。可是，皇帝真的也这么想吗？

外举不避仇，这一点对李世民来说倒是没有什么异议，问题就出在这个"内举不避亲"上面。

要知道，在政治上，通往政局紊乱之道路，常常是由所谓的"善意"所铺就的。所谓"内举不避亲"确实是一个崇高的理想，然而，由谁来执行呢？

当然得由人来实行，既然是人治，就免不了有自己的利益选择，好恶标准，价值取向。一百个人心中，就有一百杆秤。魏徵也许自以为是在公忠体国，一心为公。然而其他的人对这样的行为又作何感想？

这不是一朝权在手，便把令来行么？既然你能够以权谋私，别人又为何不可效仿呢？

正因为如此，才有了避嫌的规定。这是一种制度。这一制度的存在，也许妨碍了像魏徵这样的人办好事，然而，却能够防止更多的人办坏事！上下效尤，风气因袭。那么谁都可以堂而皇之地将自己的徇私舞弊之举美其名曰"为国求贤"、"大道无私"！作为帝王，又该如何一一鉴别明辨，去伪存真？

还是那句话，帝王至尊永远是孤独的。一个人，怎么可能与千百个人斗智斗勇。

用制度来堵死这条歧路，也许李世民会与几位由魏徵或别人所举荐上来的贤才失之交臂，但这样的损失与日后将会出现的政治乱局比起来，可以说是微乎其微。

自然，没有谁比李世民更熟悉魏徵了，他是不可能被李世民说服的。这是一个执著于自己理念的人，他会用尽一切手段来践行自己的政治理想和目标，甚至于连李世民都有可能只是他实现理想的"工具"而已。

关于这一点，李世民应该很敬佩他。因为他和李世民一样，都是为了"求治"。然而，当两人的施政理念出现冲突之时，就只能"挥泪斩马谡"了，于是才发生了魏徵被调出尚书省的一幕。

当然，实际情况也并没有"挥泪斩马谡"那样无奈和夸张。因为魏徵升任秘书监后，同时还拥有了另一个极为重要的身份——以本官参与朝政。熟知李世民治政手段的人都知道，这实际上表明，从此以后，魏徵就是当朝宰相之一，可以直接影响大唐政治中枢的决策过程。

尺有所短，寸有所长，李世民用人一向坚持这个原则。不错，魏徵的毛病是专擅、揽权，然而说到见识谋略，当朝却少有能出其右者。用他为相，正是重用他的眼光和见识。但李世民要剥夺他的具体行政权力，只要将决策权和执行权分开，即便魏徵是有天大的能耐，也得老老实实地为李世民所用。

这就是君臣佳话背后的思量。

脆弱的稳定

　　紧接着，又发生了一档子事：有人密奏时任尚书右仆射、备位宰相的长孙无忌权势过盛，须谨防出现外戚专权的后果。

　　瞧这一冷箭射的，长孙无忌真有点冤枉。虽然身为皇帝的大舅子，但他的谦退在朝廷上那是出了名的，怎么看也不像是一个专权的骄横国戚。

　　有人要问，谁会写这样的密信呢？想想就能明白，所谓疏不间亲，当时朝廷上几大派系有被招抚的官府旧部和武德老臣势力，还有中立派别。他们之中，谁会有兴趣、有胆量在背后戳既是秦王府功臣，又是国戚的长孙无忌一刀呢？

　　其实自李世民即位以来，原秦王府旧部之间的内斗就十分激烈。朝堂上许多不大不小的"波澜"，或多或少都与他们有关。这也没办法，僧多粥少，总有愤愤不平自认为受到冷落的人。当然，在过去，外戚专权给人们留下了太深的印象。从国家的角度来考虑，李世民自然对这一问题尤为戒备。

　　李世民身边的政治平衡是极为脆弱的。而长孙无忌，他不但是首义功臣，还是李世民的至戚，光是这一点就足以打破脆弱的官场平衡。

　　官场中的规则是——谁有可能打破潜在的平衡，谁就会为千夫所指，沦为公敌！

　　李世民将长孙无忌招来，将这封密奏拿给他看，并恳切地对他说："朕对你没有一丝一毫的怀疑，自然更不可能隐瞒什么。如果我们各自都听到了些风言风语，却因为各种各样的忌讳不说出来的话，那君臣之间便无法沟通，这样可不好啊！"

　　过了几天，李世民在朝堂上当着所有官员宣布："朕的儿子都还年幼，所以朕把无忌看做自己的亲儿子。我们之间的关系，绝不是外人能够离间得了的！"

所有人都吃了一惊——李世民竟然把长孙无忌比作自己的亲儿子！论年龄，长孙无忌比李世民还要大上几岁呢！

要知道，皇帝这样在公开场合当众宣布的话语，绝不会是一时头脑发热的胡说八道。每一句话，都饱含着政治上的深刻意味。

把长孙无忌比做子侄辈，透露出了一个明白无误的信号——李世民对长孙无忌的定位，是希望他能成为辅政大臣，辅弼李世民的继承人继续稳坐大唐江山。这个担子，可非同小可啊！

既然这样，你们也就不要再为了当下一时的进退而眼红长孙无忌了。他要大展身手，得在很久很久以后，眼下是碍不着诸公什么事的。

能在第一时间听出李世民弦外之意的，是李世民的贤内助——长孙皇后。得知这个消息后，原本不大赞成长孙无忌出任显要职位的她力劝自己的哥哥辞职让贤，以免树大招风。于是在贞观二年（628年）的正月，李世民批准了长孙无忌的辞职请求，授予他开府仪同三司的虚衔，让他早早地进入了退休状态。

那封密奏确实提醒了李世民，既然长孙无忌的定位是未来的首辅大臣，那就不能让他过早地在朝堂上树立起自己的威信和势力，否则将来尾大不掉，少主无法驾驭。还是先晾一晾的好。

长孙无忌一离职，朝堂上的宰相便又少了一位。于是李世民在当月便提升杜如晦以兵部尚书的本官检校侍中，同时还任命刑部尚书李靖以本官检校中书令。对着这些新上任的宰相和房玄龄等旧元老，李世民语重心长地说道：

"执政者，最关键的是要大公无私，过去诸葛亮将自己的政敌廖立、李严流放到蛮荒之地，按理说这两人应该恨他入骨，然而诸葛亮死的时候，廖立伤心欲绝，李严甚至伤痛致死。要不是诸葛亮大公无私，他们会这样做吗？朕时刻都仰慕前朝贤君，你们自然也该处处效仿那些前朝的贤相啊！"

言外之意是,大家平时少点政争,多点合作。在政务上出现分歧在所难免,希望大家能够对事不对人,千万不要假公义之名而图一己私利。这正是有感于近来一系列的密告事件而发的议论。言者有心,在场的听者都是聪明人,他们自然知道李世民是什么意思。

贞观二年(628年)十月,杜淹还没有实现他的"雄心"便病死于任上。两个月后,王珪被提升为侍中,递补进宰相行列。又过了一个月,还在朝堂上尸居余气的裴寂终于被彻底免除了职务。紧接着,李世民便将原任中书令的房玄龄提任为尚书左仆射,任兵部尚书检校侍中的杜如晦改任尚书右仆射,"房杜"彻底把控了整个政令执行系统。原尚书右丞魏徵被调为秘书监,以本官参与朝政。这个时候,实际意义上的宰相有房玄龄、杜如晦、王珪、李靖与魏徵五人,形成了秦王派系、原太子派系和中立派系的平衡格局,而武德老臣的势力也随着裴寂的落寞离去而终于画上了一个句号。

"房杜"的合作,是整个贞观时期的一大亮点。这两个人一个善谋,一个能断,可谓相得益彰。他们夜以继日地操劳不息,不但制定出了一套完善的制度和公文程式,还选拔出了一大批贤才。李世民的许多施政方针和设想若是离开了这两个人,就根本无法转变为现实。在他们俩执政的这段时期内,李靖和李世绩两位当世名将也在北方展开了轰轰烈烈的讨伐突厥之战。这一仗惊天动地,足以名垂千古。然而又有多少人知道,在李靖和李世绩这两位大英雄身后的,是房玄龄和杜如晦二人默默无闻的通力合作,调拨粮草、编组士卒、后勤调配……忙得是昏天黑地。可以说,没有房、杜这样的实干家和具体事务的执行者,李世民心中的治国蓝图就很难转化为现实,更无法将大唐这辆重型卡车推上高速运转的轨道。

但是好景不长,房、杜合作还不到一年的时间,杜如晦便患了一场大病,不得不回家休养。诸般药石医治无效,在第二年春天他便离开了人世。"房杜"这个称谓，也永远地成为历史。

对于杜如晦的离世，李世民发自内心地感到痛惜，以至于在后来吃到香瓜的时候，就会想到杜如晦当年也爱吃这个水果，便会马上把自己吃的分一半来祭奠他。他的离世，于李世民，有如断了一条胳膊，而对于房玄龄来讲，如同丢失了灵魂一般。李世民意识到，刚刚安稳还不到一年的朝堂政局，得重新开始折腾了。

为什么？这一切还要从房玄龄身上说起。他可以说是上天赐给李世民的一根拐杖。从太原起兵之后不久，房玄龄就跟着李世民打天下，直到今天。是什么让他备受恩宠，屹立于相位之上二十余年不倒？

第一，他低调稳重，不争功、不透过。房玄龄号称大唐数一数二的功臣，可有谁知道他究竟贡献过什么样的奇谋妙计，打过什么样的惊天大仗？说不上来吧？正因为如此，也难怪在李世民即位分封的时候，许多人都对房玄龄心有不服。然而，房玄龄最大的功劳就在于此——他巧妙地把自己隐藏在了李世民的身后。许多功绩和成就，房玄龄都谦虚地归于李世民，自己甘愿成为一个不起眼的"影子"。可以说，这才是为官的最高境界。良臣，是踏踏实实干出来的，而不是刻意表演出来的。就这一点来说，谁也及不上房玄龄。

第二，他的才干过人，谋略无双。房玄龄"善谋"名扬青史，无须多说。然而很少有人知道，他对李世民的最大作用，并不在于善谋，而在于他在招募和组织人才方面表现出来的惊人天赋。每当攻克一座城池，在别人都忙着收集金帛财宝的时候，房玄龄却总是在第一时间寻访当地的俊才义士，费尽心血地将他们招募至李世民门下，还记得那个杜淹吗？若不是房玄龄，恐怕其早已投至李建成门下，而杜淹仅仅是房玄龄延请来的人才之一罢了。秦王府中的豪杰来自五湖四海，有关陇人士，有山东豪杰，也有江南文士。这些人出身好尚各不相同，却能在秦王府中紧密团结起来，其一，靠的是李世

民人格魅力的感召;其二,靠的便是房玄龄居间不厌其烦地耐心调和。可以说,没有房玄龄,李世民便难以打造出一个运用起来得心应手的政治人才库。

这些都是房玄龄的长处,也是他为官不倒的秘诀。然而,事情总是有两面性的。换一个角度来看,房玄龄的长处也正是他的短处。

房玄龄的第一个缺点,恰恰就是他另一个优点的反面——他太过低调谦退了。"善归主上"这一点没错,然而要是小心谨慎到连君主的缺点错误都从来不提、不加以劝谏的话,那就过头了一点。而房玄龄正是这样做的。

最开始跟随李世民的时候,房玄龄还会在私底下对李世民进行一些劝谏。然而李世民即位之后,这样的情况越来越少,以至于终归消失无踪。在历史上,房玄龄态度鲜明、言辞激烈地对李世民的意见表示抵制仅有一次,那便是针对萧瑀所提出的"分封制"。当然,这也证明了房玄龄确实是一个坚守原则的人,只不过,这种展示原则性的机会,在房玄龄为政期间屈指可数。

在房玄龄潜移默化的影响下,许多官员都学会了看脸色,观风向,唯唯诺诺,专求自保,这实在不是一个值得提倡的好风气。不错,皇帝也是人,也有喜怒哀乐,也喜欢听到歌功颂德之词。不过,李世民把"做皇帝"和"做人"还是分得比较清楚的。有些话,确实不好听,有些意见,确实让人感到头痛。然而,在当时百废待兴的大环境下,为了保证自己的施政方针不出偏差,李世民就逼着自己竖起耳朵,清醒头脑,多方面听取不同的声音。而房玄龄对李世民来说显然起不到这样的作用。

其次,善于组织、长于周旋在纷繁芜杂的人际关系圈子里,不是每一个人都能做到的。要做到这一点,得具备什么样的素质?

圆融无碍!善于跟各种性格、各种身份、各派势力的人物打交道。君不见除了特立独行的萧瑀之外,朝堂上无论是独断独行的魏徵,还是虚滑狡诈的封德彝,又或者是至诚至性的王珪、心机深沉的杜淹……房玄龄总是能与之打成一片。

问题也就来了。李世民为什么要煞费苦心地改革官制,并立三省,折腾官场?还不就是为了防止出现固着化的官僚集团,避免官员们结成党,抱成团,彼此之间相互捍卫部门利益乃至一己之私,而弃国家大义与公理于不顾。

也许有人会为房玄龄辩护:作为大唐的一代名相,他可不是"乡愿"一样的人物。房玄龄心中一定有自己的一杆秤,该出手时,必定果断出手,在大是大非面前坚持自己的原则。

关于这一点,李世民也相信。然而政治上哪有那么多的非黑即白!在黑与白之间,是大量的灰色地带。国家的制度法纪,就是在不经意间,一天天废弛瓦解的。而以房玄龄的这样的为人处世来带动朝堂的话,必然会导致这种局面。早在政局初定之时,李世民便对他这一点提出过严厉的批评:"当初设立中书、门下、尚书三省格局的初衷,便是希望大家互相监督制衡,以正得失。可近来你们倒好,几个部门好像串通一气似的,彼此之间从来没有什么意见可言,要不就是不痛不痒地互相摸摸皮毛,都像这个样子,朕还要你们作甚!"

骂归骂,李世民心里很清楚,江山易改,本性难移。你要是纠正了房玄龄的这两个缺点,也就等于同时抹杀了他的优点。得失如何,还真是一笔很难算清楚的糊涂账啊!

正因为如此,李世民将房玄龄始终放在行政部门的主官位置之上,以他那细致负责、有条不紊的办事作风,实在是政务管理上不可多得的奇才。而站在李世民身边弥补遗缺、直言敢谏的重任,自然就交给魏徵这样的人。

各得其所、各司其职是最好的状况。正因为如此,才有贞观初年朝堂上热闹非凡的新景象。不过,也有人在新的形势下始终认不清自己所处的地位。如果遇到这样的人,那就一定得早点让他清醒清醒!

百官的忌惮

在大唐的朝堂之上,谁会居功自傲认不清形势? 谁又敢于不断地摆老资格,恃宠而骄地反复跟李世民唱对台戏?

这个人就是尉迟敬德。

与那些三天两头告密状的人相比,尉迟敬德的胆子要大得多了。在他眼中,不要说从李建成那边归附过来的王珪、魏徵等人,就连房玄龄、杜如晦都及不上自己的赫赫功勋。因此,不管是在朝堂上还是在私底下,尉迟敬德总会找寻各种由头跟房玄龄等人唱反调,说怪话。几位宰相见了这位黑煞神,都避之唯恐不及。这也难怪,俗话说,秀才遇到兵,有理讲不清,谁愿意去招惹不按他们的游戏规则出牌的尉迟敬德呢?

正因为如此,尉迟敬德给李世民带来了不小的麻烦。本来由他来担负李世民身边的安全警卫工作是再合适不过的,就是因为他老在官场中扎刺,让谁见了都不舒服。李世民只好在贞观三年(629 年)将他调出了京城,去襄州都督任上为官。这样一来,自感受到冷落的尉迟敬德在襄州更是骂声不绝。不过这也没有办法,打天下的时代已经过去,如今李世民迫切需要的,是能辅佐自己治天下的文臣。以尉迟敬德的性格,就算是在军队之中,也许除了李世民之外,连李靖和李世绩都没有办法能驾驭住他这匹烈马,那就只能把他雪藏起来了。

没想到,调离京城三年之后,尉迟敬德还是给李世民惹出了大麻烦——九月里的一天,李世民在庆善宫大宴群臣,已经改任同州刺史的他也列席其中。酒过三巡之后,只见他虎眼圆睁,环视了一圈之后,将目光落到了席位在他之上的宇文士及身上。还没等旁人注意到这一异象,尉迟敬德便已经拍起了桌子,指着宇文士及的鼻子大骂起来:

"你有什么狗屁功劳？竟然坐在我的上首！"

那个时候，宇文士及虽然已经不再列位宰相，却仍然是李世民身边最为亲近的随侍大臣。对当初在李世民身边须臾不离的尉迟敬德来说，这番情景大概让他感到妒火中烧吧。可怜的宇文士及，没来由地遭到这样一番羞辱。

然而，比宇文士及更加无辜的是李世民的堂弟，任城王李道宗。这位王爷本来坐在尉迟敬德的下首，见此情景，他生怕急性子的尉迟敬德在皇家宴会上闹出什么不愉快的事情来，于是连忙上前相劝。没想到尉迟敬德此时酒劲上头，回身便是重重的一拳，李道宗当即血流满面，一只眼睛差点就此报废。

这简直是岂有此理！李世民霍地站起身来，当场宣布宴席中止。当群臣们都抱着一颗惴惴不安的心情离去之时，尉迟敬德被李世民单独留了下来。

这时候，他的酒已经醒了大半。李世民威严地看着他，一字一顿地说："从前，朕读史书，每当看到汉高祖诛杀韩信、彭越、英布这些功臣的时候，总是会不齿于他的所作所为。因此，朕为君之后，一心想要跟你们同享富贵，代代相传。但你呢？你看看你自己这几年来的所作所为，对得起朕的一番心意吗？直到今天朕才明白，当年韩信殒命于钟室，彭越被剁成肉酱，不全是汉高祖一个人的过错。做君主的希望与臣下相伴始终，你怎么就不能领会朕的这一番苦心呢？从今以后，你好自为之，千万不要等到祸事临头才来后悔！"

话说到这个分上，即便是榆木脑袋，也知道李世民确实是忍无可忍了，更何况尉迟敬德这样一个外粗内细之人呢。以往在李世民面前耍点小性子，李世民还可以接受。可今天仗着自己过去的功劳，接二连三地闹出事端，这不是给李世民出难题吗？影响不好不说，没准什么时候就会被别有用

心的人给利用。到那个时候，就不是训斥一番能够了事的了。尉迟敬德估计也意识到了再这样下去的严重后果，自此以后，他收敛了很多。明面上一些不和谐的声音，也就此消停了。

尉迟敬德放炮，毕竟是放在明处。房玄龄他们烦他，但并不真的忌惮他，他们忌惮的另有其人，那就是在朝堂上异军突起的一匹黑马——权万纪。他身任御史，以言官之职多次向李世民检举汇报当朝大臣的缺点错误，一时间搞得人人侧目，避之唯恐不及。就连房玄龄这样的重臣也成了他的靶子。一次，由房玄龄和王珪共同主持官员的考核工作。老实说，这项工作可不是一件美差。尽管考核标准一目了然摆在那里，但每个人对自己的评价和别人眼中的自己或多或少总会存在偏差，难保不会有出入。权万纪正好抓住了这一点，向李世民上奏弹劾房玄龄和王珪，说他们在考核工作中多有偏私，造成了很不好的影响。

李世民还没有来得及作出反应呢，魏徵就主动站了出来替房玄龄他们解围："房玄龄、王珪都是老臣子了，别人就算不知道，可陛下您还不清楚他们的为人吗？这次一下子考核了这么多人，对一两个人考虑不够周到是在所难免之事，微臣相信这并非是两位大人刻意为之。而且，权万纪这段时间一直在考堂监督工作，当时他没有提出过什么意见，一直到考核结束，看到自己的评语不够理想，这才跳出来攻讦房、王二人。这才是他口口声声要讨伐的'私心'啊！"

魏徵跟王珪之间的关系，李世民是一清二楚。不过他这番话说得有理有据，李世民也不便深究。权万纪一击不中，只好灰溜溜地退了下去。然而，他也没有受到任何惩处。其实，李世民的用意已经很明显了：权万纪，就是李世民培养的第二个杜淹。他就是李世民的监工和耳目。他的这番作为也是为了警示房玄龄等人——小心在意啊，你们秉公治政，朕自然不会委屈你们,但你们若是想要背着朕搞点什么小动作,那可是逃不过朕的耳目的。

也正因为如此,房玄龄行事才越发低调谨慎。至于权万纪,他离李世民的要求却始终差着火候。他有杜淹的胆气,却没有杜淹的心机;他有杜淹的执著,却没有杜淹的隐忍。到最后,因为他得罪的人实在太多,犯了众怒,被李世民逐出了京城。

其实,这是权万纪们的必然归宿。即便是他的榜样和前辈杜淹,也不见得能比他走得远多少。要知道,房玄龄、王珪、李靖这样任劳任怨干实事的臣下才是君王的手足,而杜淹和权万纪只是一根督促众人前行的棍子。棍子折了可以再换,而手足却是不能轻易割舍的。

宰相们

贞观四年(630年),在朝堂上又接二连三地发生了几起不大不小的地震。当年二月,李靖会同李世绩大破突厥,连突厥人的首领颉利可汗也被他们给生擒了回来,总算是驱散了这抹长期盘旋于大唐北部边境的厚重乌云,李世民也可以松一口气了。另外,在贞观元年(627年)长孙无忌带刀觐见事件中直言敢谏的戴胄被任命为户部尚书,以本官参与朝政。原御史大夫温彦博升任中书令,温彦博的御史大夫一职由前年被贬为太常少卿的萧瑀接任,同样以本官参议朝政。大唐朝堂上又多了三位新宰相,相权也进一步被稀释和分化。

萧瑀被李世民重新启用,于公于私有两方面的原因。于公,李世民一直担心以房玄龄的行事作风,会将朝廷的治政机构变成暮气深重、官官相护的衙门,而怪脾气的萧瑀恰恰就跟房玄龄怎么也合不到一块去,萧瑀不满房玄龄,更多的是出于意气用事和脾性不合,跟两人间的利益冲突倒没有太大的关系,正是李世民借以制衡相权的不二人选。于私,李世民一直对萧瑀曾经提出过的"分封诸侯,以建屏藩"这一方案念念不忘,用他也有借机贯彻这一构想的考虑。

甫一上任,萧瑀便歪打正着给李世民帮了一个小忙。这一回,他把火烧到了李靖身上。萧瑀煞有介事地上表奏称:李靖在对突厥用兵时军纪不严,在攻克可汗牙帐的时候,放任士卒掳掠帐中财宝,导致大量稀世奇珍没有进入国库,而是流入了个人的腰包。这样的行为应当严惩不贷。

大家都被萧瑀的行为给惊呆了。弹劾一个刚刚立下不世之勋业,又备位宰相的重臣,难道萧瑀的脑袋被驴踢过吗? 这下皇帝肯定不会给萧瑀好脸色看了。

出乎人们的意料，李世民仅仅发表意见说，这件事虽然查有实据，但也应该给予特赦，希望萧瑀不要再紧咬李靖不放。待得李靖回朝之后，李世民还因为这件事狠狠地批评了他一番，在相当长的一段时间之后，才给予了他一点薄赏。对此，许多人都看不明白。

李世民心里当然有数。毫无疑问，当时的许多事情，如果只是孤立地来看待，自然只能得出十分粗浅的结论。李靖能打仗不假，刚刚立下奇功，这也没错。然而不要忘了，李靖也是一个颇有自己主见和城府的人。从他当年靠自污以自保进京向李渊告御状开始，李世民便对这个人关注起来。在玄武门之变中他保持中立，更使李世民意识到，这个人所效忠的，只是自己的职责，而不是某一个具体的人。李世民要将他放进宰相班子中加以重用，是因为他算得上是当时屈指可数的大将之才，能够独当一面，完成李世民北征突厥的战略大计。那么，突厥破灭之后，李靖是不是就可以功成身退了呢？并非如此，也许还有下一场恶战正等着这位李将军再上战场呢。

从这个意义上讲，李世民既要用他，又要刻意压制他。还记得三国时期，吕布和陈登之间的一段经典对话吗？陈登作为吕布的代表出使曹营，曹操赐给他高官厚禄，却对吕布一无所赏。待得陈登回报使命的时候，吕布十分不满。而陈登对此则这样解释："不是曹大人不重视将军，而是曹大人将将军看做饥饿的猎鹰，假如喂得太饱，那您就会径直飞走，那样的话，曹大人要依靠谁为他效力呢？"

一席话说得吕布转怒为喜。而"譬如养鹰，饥即为用，饱则飏去"也成为帝王御下的经典教案。对于你不能放心的才干之士，假如给予的赏赐过于丰厚，往往会适得其反。人们常说，重赏之下必有勇夫，但同样是重赏，对一个穷愁潦倒的人和对一个家财万贯的人来说，意义肯定是大相径庭的。随着李靖爵禄酬赏的日渐丰厚，这些东西对他的意义也将会迅速消退。而李世民以后需要李靖的时候还多着呢，自然不能这么快"喂饱"他。

　　萧瑀在这个问题上为李世民立下小小一功,然而他得意忘形,又接二连三地揪起了房玄龄、魏徵和温彦博等人的小辫子,搞得朝堂上鸡飞狗跳。李世民知道他犯了众怒,自然将他的许多相关奏章来了一个冷处理,搁置不问。没想到,这位"刺头儿"反倒闹起情绪来,成天在朝堂上摆着一张苦瓜脸向李世民示威。是可忍孰不可忍,再加上房玄龄等人的联手抵制,李世民干脆免去了萧瑀御史大夫一职,改为太子少傅,去教导太子李承乾学习了。萧瑀再一次淡出了政治舞台。

　　萧瑀走了,填补宰相空缺的人正是被他放了一箭的李靖。贞观四年(630年)八月,李靖重新获得尚书右仆射的任命。对这一宠任,李靖感到既意外又荣幸。不过,他是聪明人,自然知道这一任命背后所潜藏着的实际意义。因此,在每次宰相们集体商议国事的时候,李靖基本上不会发表任何意见,以免遭到旁人的忌讳。

　　对李世民来说,李靖这个人确实是不可多得的将才。像他这样刻意与政治舞台的中枢保持着相当距离,一方面可使自己免遭无妄之灾;但另一方面,始终不能让李世民全心全意地信任他,任用他。在某些急需用人的特殊情况下,李靖真的能为李世民效死吗?对这一点,李世民很怀疑。因此在不久之后,李世民把同样来自军方的侯君集任命为兵部尚书,参议朝政,同样也具有了宰相的身份和地位。这一安排,是李世民在深思熟虑之后作出的。在当年秦王府的嫡系武将中,冲锋陷阵型的猛将数不胜数,然而有大局观,有头脑的帅才却极为少见。究其原因,李世民倒也难辞其咎——在战场上,李世民的个人能力实在太过于突出。手下将领只要严格服从命令,勇猛直前就可以打胜仗。久而久之,他们便习惯为李世民马首是瞻,而无法独立地对大一点的战局作出自己的判断。相较之下,侯君集可称得上是颇有头脑的智将,李世民对他的未来寄予了厚望,把他从军队将领的身份上提拔到决策中枢只不过是第一步罢了。这第二步,就是让侯君集拜李靖为师,跟随李靖学习指挥大军作战的大帅之道，从而成为李靖的替代者。当然，最后能不能如李世民所愿，就得看侯君集的悟性和造化了。

在此之后，朝堂上相对平静了很长一段时间。直到贞观七年（633年）的三月十一日，再次发生了让人们议论纷纷的官场地震——侍中王珪因为泄露朝廷机密的罪名被免去了宰相的职务，被贬为同州刺史！

在此之前，王珪的仕途可以说是一帆风顺。尽管来自于李建成的派系，但王珪以他的勤勉谨慎、机敏干练获得了李世民的信任。玄武门之变后还不到两年的时间里，他就从正五品的谏议大夫一跃而成为正四品的黄门侍郎兼守侍中，很快又正式进位为侍中，成为了名副其实的宰相。这样的升迁速度，也只有房玄龄、杜如晦等少数几位秦王府重臣可以与之相提并论。今天在许多人心中，魏徵的大名可谓如雷贯耳，但很少有人知道，当年王珪比起魏徵来，是更加光彩夺目的官场明日之星——比起主意大、我行我素的魏徵来，李世民当然更愿意重用老实卖力的王珪。

而这一切都在贞观七年的禁中泄密案后发生了逆转。一般来说，因为一时的错误被李世民贬官雪藏，此后又再度起用的例子比比皆是。王珪自左迁为同州刺史之后，虽然仅仅过了十个月便再次被召回京城，担任正三品的礼部尚书，然而却再也没有进入李世民的决策枢纽。此后又过了五年，王珪病逝。有些人也许会感到遗憾，如果他能够活得再久一些，也许能够得到李世民的谅解，重返相位。实际上，只要看看在贞观前期各位重臣逝后所得到的爵位和封赠，就会明白，这是根本不可能发生的事情！

在前期重臣中，房玄龄为从一品梁国公，封赠官职为正一品太尉；杜如晦为从一品莱国公，封赠官职为从一品的开府仪同三司；李靖为从一品卫国公，封赠官职为正一品司徒；魏徵为从一品郑国公，封赠官职为正一品司空；温彦博为从一品虞国公，封赠官职为正二品特进；戴胄为从一品道国公，封赠官职为从二品尚书右仆射。可以说，凡是为李世民作出贡献的重臣们，李

世民必定会给予他们慷慨的回报。

再看王珪，他最后的爵位不过是正二品的永宁郡公，封赠官职也只不过是正三品的吏部尚书。待遇区别，一目了然。这也说明，在李世民心中，已经给王珪作出了最终的评定，即便他还能再多活几年，也不可能得到李世民的信任和谅解了。

王珪到底泄露了什么样的秘密才有此结局已经无关紧要。在整个贞观年间，凡是因管不严自己嘴巴而获罪的人，最后都不可能再得到李世民的信任。魏徵、刘洎……概莫能外。要知道，光是帝王漫不经心所流露出的一个眼神、一个动作，就足够臣下们加以揣摩利用的了。

李世民用人，不怕你不听话，不怕你才干差，也不怕你品行有问题，就怕你不能保守帝王的秘密。像王珪这样把李世民的明确意图给一股脑儿泄露出去的，正是犯了官场上的大忌。不撤他，撤谁！

王珪被撤职，李靖继续地装出一副大智若愚的样子，戴胄生起了重病，侯君集在处理重大国务上还显得稚嫩了一点，宰相队伍不得不再次作出调整。

李世民经过反复权衡之后，终于下决心将以秘书监参议朝政的魏徵正式提拔为侍中，负责掌管门下省封驳审核圣旨的职责。自此，魏徵才算是由见习宰相变成了正式宰相。

作出这一任命，首先，当时朝堂上才干见识可担负重任的人确实不多；其次，代表原李建成系统的王珪获罪，就只能由魏徵来填补这一政治上的空缺，以便在几大势力中保持平衡作用；最后，让标榜直言敢谏、颇有个性的魏徵来把好政令监督的关卡，从某种意义上讲，也可以起到集思广益，开阔李世民思路的作用。

当然，这边补入了魏徵，那边自然也要再补入一个自己信得过的嫡系大臣才能平衡局面。当年六月的时候,戴胄病逝,这使李世民不得不把宰相序列的人事安排放到十分紧迫的日程安排上。最终,李世民还是选择了被冷藏了好几年的长孙无忌。

长孙无忌一时摸不清李世民的想法,坚持请辞道:"我是皇上的亲戚,皇上若是重用我,恐怕会惹得天下人说闲话啊。"

李世民倒并不在意:"要治天下就得唯才是举。没有才能的,就算是至亲朕也不会任用。有才能的,哪怕过去和朕有仇也无所谓。你没有看到魏徵他们吗?朕今天推举你做司空,并不是因为私情才这样做的。"

司空?对,长孙无忌在数年的沉寂之后复出,即将担任的便是这个职位,这也是裴寂当年被明升暗降之时,所担任过的职位。

在满朝文武之中,司空与司徒、太尉一道合称"三公",位居一品,地位可以说是尊崇无比,然而却不掌管任何实际政务。没有太大的权力,只是皇帝身边的高级顾问而已。看上去,长孙无忌仍然和过去一样,是个可有可无的闲官。

然而,从上次罢职以来,一直到这次做了司空,长孙无忌这个闲官可不闲。那么,他在埋头做什么?

他正忙于皓首穷经,埋头于故纸堆中制定法律,这就是于贞观十一年(637年)颁行天下的《贞观律》。这部法律此后成为李世民大唐帝国运行的指南和准绳,为天下人所奉行遵守。这,正是长孙无忌在国家大政中最大的贡献和作用。

李世民深知,不可以一人之智御天下人之智。真正明智的长治久安之策,是将国家的日常运行纳入法纪的轨道中去。让长孙无忌担任这样一个地位尊崇的虚职,一方面是为了培养他今后在辅佐太子时的威望;另一方面,又不至于使得他的精力被过多地卷入琐碎的政务中去,过早地建立起自己的小团体。

只有无为，才能无所不为。只有站得更高更超脱，才能看得更远。这一点，是李世民希望长孙无忌能够学到的。不过，还有一个人也领悟到了这个道理，他就是李靖。

经过几番起落，李靖早已从当年那个雄心壮志的少年郎变成了一个世故谦退的老好人。他对权力无欲无求，自然也能把官场上的每一次波澜看得透彻——自己就是皇帝手中的一柄利剑，不，是一柄妖刀！剑气逼人直冲斗牛。纵使剑本身并无伤人之心，然而持有这把剑的人，却无时无刻不在担心它会落入别人手中反噬自己。既然如此，为何不早点离开这是非之地呢？

于是乎，贞观八年（634年）的十一月，李靖便以自己疾病缠身作为理由，固请离开宰相的职务。然而还不到两个月，李靖便又主动向房玄龄请缨，希望能挂帅出征，为朝廷讨伐西部边患吐谷浑——李靖把李世民对他的定位已经揣摩得很清楚了，对李世民来说，他这柄利剑的最大价值，就是在疆场上奋勇杀敌，报效国家，待得天下太平之时就退隐田园，与世无争。只有这样，才能在危机四伏的政治舞台上自保。

当然，此次出征，李世民也安排上了李靖的"接班人"侯君集和任城王李道宗与他一同前往。那一年，李靖已经六十四岁了，时日无多。当务之急，自然是尽快培养出既可放手信任，又能独当一面的大将之才来。否则，在武将队伍中便会出现青黄不接的窘境。李靖果然也不负李世民所望，在他的率领下，李世民军大破吐谷浑，威震天下。

然而在得胜之后，就有人诬告李靖谋反。这次的罪状可比上一回治军不严的罪名要命多了。不过，经过朝廷的仔细调查，还了李靖一个清白。但再次经过这样一番折腾的李靖被吓得够呛，此后，他干脆就隐居家中，杜绝一切宾客来往，与权斗纷争彻底说了再见。

估计李靖的际遇给很多人都上了一课：在人事斗争的旋涡之中，不是置身事外保持中立就能够与世无争，平安处世。你所具有的能力、你所身处的高位都有可能成为原罪。像李靖这样才干卓异、功高震主的人，他不去惹是非，是非也会上门来惹他。为李靖计，若不能在一开始便成为李世民的嫡系心腹，那就只有彻底淡出权力场这一条路还可以勉强走通。当然，这也不是万全之策。君不见那么多功臣贵戚往往是人在家中坐，祸从天上来吗？只不过，对于李靖，李世民已经看得十分透彻了。他恪守的是为大唐天下的公义，而不是忠于某一人的私节。他是否能够在最为关键的时刻死心塌地地为李世民所用，玄武门举事的当日其实已经有了答案，但这一点早已不再是李世民心中的遗憾。毕竟，他能够为国所用，这还不够吗？

李靖，就此过你的安乐日子去吧，朕不再折腾你了。

当然，仍然留在朝堂上的诸位宰相们，还要继续接受李世民的折腾，载沉载浮。这就是他们的宿命。

世袭刺史

这边厢走了好好先生李靖,那边厢却又来了一个谁见了都喊伤神的刺头儿——萧瑀。

三起三落的他被李世民封为特进,同时参与政事,知宰相事。李世民知道他与房玄龄之间长期不和,于是在重新启用萧瑀之前,特地加封房玄龄为开府仪同三司,以表安慰之意。在萧瑀出任宰相之后,李世民还当着房玄龄和众人的面夸奖萧瑀道:"武德六年之后,父皇曾经想要重新废立太子,却一直摇摆不定。那个时候朕遭到兄弟们的嫉恨,随时都有功高不赏的担忧。而萧瑀这个人却不为威逼利诱所动,坚持原则,在父皇面前时时照拂于朕。若没有他,朕恐怕早已不保。这才是真正为社稷着想的臣子啊!"

感慨完当初,李世民又题诗一首赐予萧瑀,其中有两句流传后世:"疾风知劲草,板荡识诚臣。"惹得众人艳羡不止。这番言行,也是在暗示房玄龄:朕知道你与萧瑀不和,然而,萧瑀对朕来说可是劳苦功高的老臣子,他在朕心中有着特殊的地位,你就忍让他一点,不要再闹情绪了。

不过,凡事都要分两面。表扬完萧瑀,李世民又适时指出他的毛病:"你为人耿直忠诚,然而对是非黑白看得太过分明,有时候也会好心办坏事啊。"萧瑀闻言,赶紧伏地拜谢。而魏徵这个时候也恰如其分地站出来打起了圆场:"萧瑀向来与群臣不和,唯独陛下能够体恤他的忠贞。假如没有遇到像您这样的圣明天子,萧瑀很有可能会招来祸事啊!"一席话,既是对李世民的奉承,又是对萧瑀和房玄龄等人的提醒,算是给这场戏画上了一个漂亮的句号。

不过,很少有人能明白李世民为何要不顾及群臣的不满,一而再再而三地起用萧瑀。除了利用耿直的萧瑀来制衡房玄龄等人之外,李世民还有另外一个重大的目的：利用萧瑀来完成李世民一直藏在心中的另一项重大政略措施——封建诸侯，屏障国本。

　　如何才能让国家长治久安，这是李世民即位以来一直苦苦思索的大难题。除了改革制度，订立法律之外，在地方上也需要加紧布局。自魏晋南北朝以来，中央皇族的控制力实际上在相当大的程度上总是受到地方世族豪强势力的掣肘。在和平时期，他们对中央政令阳奉阴违，偷梁换柱。一旦天下发生动荡，又总是这些门阀家族势力第一个站出来割据称雄，甚至觊觎神器。要保证江山永固，就必须将这些遍布全国各地的大小山头一一削平。而除开李氏家族赖以起家的关陇集团，以及相对来讲文弱许多的江南文士集团可以加以收拢利用之外，在政治上最需要值得警惕的异己力量便是向来桀骜不驯的山东世族和豪强了。

　　因此，李世民在贞观六年（632 年）命令高士廉主持编撰《氏族志》，以提升李姓皇族的地位，抬升尚属后起之秀的庶族政治势力，压制过去的世家大族。不过，这只是属于文的一手。在政治层面上，李世民也积极布局筹划，一力要使中央的威权和李唐皇室的代理人能够深入地控制住这些地区。而一个可供李世民选择的良方，便是分封诸侯。

　　最早在武德九年（626 年），李世民为了打击宗室诸王中的异己势力，曾一度削减调整当时优厚的宗室分封待遇。然而等到其支持者逐渐在朝堂内外站稳脚跟之时，李世民又重新恢复了优待宗室的政策，并且将大批宗室子弟派遣到地方上为官，使之能够代表中央政府监视各地的异己力量。此后，李世民更是准备将这一政策扩大到嫡系功臣之中，也就是建立世袭刺史制度，与他们一损俱损，一荣俱荣，相随始终。而萧瑀之所以能在如此不会做人为官的情况下还能屡屡被李世民起用，正是因为他是最早提出用封建诸侯来巩固国本之人，也是朝堂上坚持这一主张的最得力之人。现在，诸般条

件业已成熟,大举分封诸侯的措施再次被李世民提上日程,这就需要萧瑀重新出来为自己鞍前马后地效劳了。

对此,绝大多数朝臣都难以理解李世民的一番苦心——自古以来,封建诸侯的制度便多为乱阶,汉初有七国之乱,晋初有八王之乱。哪一次不是闹得天下大乱,分崩离析?

然而,秦代和隋代因为在地方上没有强有力的支持者,因此中央大局一旦出现变乱,全局便不可收拾,称得上是前车之鉴。还有最重要的一点,许多人仅仅看到了分封制的弊端,却看不到当时的实际情况:朝廷派下去的行政官员往往因为出身寒贱,或者家族式微,在地方上无法受到应有的尊敬和礼遇,更不要提能够有效控制当地的豪强大族势力了。最现实的权宜之计,不是寄希望于地方官吏的控制能力,而是迅速在不伤筋动骨的情况下,把原来的一大批"旧神"拖下神坛,换上自己属意的"新神像"。

不过,新的神像一定就能俯首帖耳,忠于皇权吗?李世民的子孙后代有足够的政治智慧驾驭得住他们吗?又或许,穷李世民之一生,他能将这个政治难题彻底解决掉吗?李世民坚信事在人为,当初少有人看好的收复河东之役,李世民一意孤行,结果李世民赢了;当初少有人看好的洛阳围城之战,唐夏虎牢交锋,李世民一意孤行,结果还是李世民赢了;当初少有人看好的东宫夺嫡之争,李世民一意孤行,结果,仍然是李世民赢了。李世民自信唯有封建诸侯之策才可以安定大唐天下,虽千万人阻,吾往矣!

李世民之所以有这样的决心,主要是因为反对的声音实在是太多太强。可以说,满朝上下,只有李世民和萧瑀二人孤独前行。就连一向唯李世民马首是瞻的房玄龄也对此持消极态度,还有那个被李世民一手树立成进谏标杆,同时又掌管门下封驳圣旨职责的魏徵也强烈反对。他们的态度势必会对其他人造成重大影响。因此,李世民自然首先得考虑如何绕开这二位的阻挠。终于,在贞观十年(636 年)的二月,李世民借题发挥,以一件极小的事情严厉批驳了房玄龄,并将他免职。这实际上是对房玄龄的敲打和警告,旨在暗示他不要违逆自己的意思。

房玄龄走了,聪明的魏徵自然也嗅到了不安的气息,以至于他此次竟没有对李世民罢黜房玄龄的举措作出任何劝谏。这么多年来,李世民对他的定位和心理上的纠葛,他是一清二楚的。在此之前,他便多次上表要求让位退职,只不过李世民一直没有答应。而现在,魏徵清楚地意识到,在经过多年的准备之后,李世民全面控制和打压山东集团的举动已经是箭在弦上。对此,他已经是无能为力,冒死阻挠显然不是要做良臣不做忠臣的魏徵的最佳选择。那么,剩下来的一条路,便是退出这是非之地。果然,此后魏徵更是接二连三地上奏要求让贤。李世民终于在本年(636 年)的六月批准他辞去宰相一职,改为特进,享受极高的政治待遇。同时,又将温彦博提升为尚书右仆射,老臣杨恭仁之弟、太常寺卿杨师道被任命为侍中,接替了魏徵的职务。说来滑稽的是,魏徵辞去职务时提出的理由是"眼疾"。而辞职之后,他却又领受了编写《隋书》、《齐书》、《梁书》、《周书》等一系列史书的工作。这不是更伤害眼睛的工作么? 因此,每个人都看得出来,接下来的朝堂上,必将有更大的动作要上演。

然而,让李世民没有想到的是,一个多月之后,首先经历大震的却是他自己。贞观十年(636 年)七月二十八日,长孙皇后永远地离开了李世民,那一年,她才仅仅三十六岁!

尽管后宫妃嫔无数,却从来只有长孙氏一人称得上是李世民的灵魂伴侣,她的离开,意味着后宫中从此再无人如她般能为李世民分忧解难。尤其使李世民感到痛惜的是,她在临死的最后一刻,还在为李世民打算。

"愿陛下亲君子,远小人。察纳忠言,摒弃谗言。房玄龄辅佐陛下经年

累月，一应奇谋秘计他都有份参与，也从不曾泄露机密。若非特别的原因，希望陛下不要抛弃他。"

"臣妾的哥哥长孙无忌，靠的是姻亲关系才得到陛下信用。既不是出自于他本人的奋斗，又容易卷进政治旋涡。陛下您要是真的为他着想，要保全他，就千万别把他放在重要的位置上。"

"臣妾活着的时候不能对陛下有所进益，死后，无须厚葬臣妾。葬者，藏也。古来圣贤崇尚简薄，只有无道乱世才大起山陵，劳动天下，这样做恰足以使得有识之士笑话。臣妾但请陛下因山而葬臣妾，无须棺椁，一应器服，皆以木瓦为之。只有这样做，才是真正不忘臣妾！"

然而，李世民仅有第一个要求可以做到对长孙皇后信守承诺——房玄龄从来就没有被驱赶出自己的视野，这次只不过是李世民为了贯彻自己的政治构想而刻意作出的临时安排而已。不久之后，已经离职快半年的房玄龄就官复原职，重新回到了中枢。

后两个要求，李世民无论如何也没法答应。

于公，李世民何尝不知道长孙皇后维护哥哥长孙无忌的一片苦心。然而为了大唐的江山社稷着想，长孙无忌是满朝文武中，唯一能寄予托孤重任的骨干人物。李世民要以他为纲绳，总揽维系李世民身后的政局安排。既如此，又如何能如长孙皇后所愿，让他淡出政治中心呢？

于私，长孙皇后是李世民最深爱的皇后，李世民如何忍心以薄葬对待自己的皇后，让她在九泉之下清苦度日！

长孙皇后就这样去了，红颜叹飘零，英雄悲迟暮。她的离开，使李世民在剧痛中猛醒——人生无常，世间岂有万年天子哉？从时间上来看，也该是着手安排太子未来辅佐班底的时候了。然而，李世民心中最为属意的太子人选，就一定是李承乾吗？

陡生波澜

贞观十年(636 年)的十二月末,长孙皇后离世带来的风波还未平息,又发生了一件意外的事。这件事看似无足轻重,却对今后的政治走向产生了极其微妙的影响——李世民的四皇子,魏王李泰授意自己的亲信向李世民告状。告的是什么内容呢? 是李泰的抱怨,说的是朝中三品以上的许多大臣都很轻视他,对他毫不尊重。

李泰乃是诸位皇子中李世民最为宠爱的一个,他自小就聪明伶俐,文采风流。李世民和长孙皇后都怜爱地唤这个孩子为"青雀",虽然未立他为太子,李世民却一直把他当做掌上明珠。如今这些大臣竟敢如此轻忽李泰,这自然让李世民勃然大怒:你们凭什么? 你们依仗什么? 还不就是凭借你们的门第或官位骄人吗? 不要忘了,爵位官职,我李世民可以给你们,也可以收回来! 门第出身,虽不出自朕授,但朕一样可以破旧立新,把你们一个个打翻在地!

终于,李世民在朝堂上雷霆震怒,将一腔怒火尽数倾向了诸位大臣。就连房玄龄、长孙无忌这些重臣都被吓得战战兢兢,伏地请罪。唯有魏徵越众而出,抗颜力争:"遍数当今群臣,必然没有谁敢于轻蔑越王殿下(此时李泰尚未被改封为魏王),然而古礼早有成规——在家为子,在朝为臣。周天子的子孙和诸侯们的身份相等。方之今日,我们这些三品以上的大臣,在身份品级上本来也与皇子们相等。平日里就连陛下也本着礼贤下士的精神对我们尊敬有加,这是陛下圣明。可是越王怎么能随意侵辱我们这些公卿大臣呢? 陛下是明君,远远超过隋高祖,陛下的诸位皇子,自然也不能像隋高祖的诸位皇子那样,放纵无礼,最后招来罪黜之祸啊!"

魏徵的一席话让李世民冷静下来,是啊,这不是家事,乃是公事。在朝

堂大臣们看来,尊卑有别,名分有殊。除了未来的储贰——东宫太子,有谁能有资格受得他们的殊礼呢?早在此之前,李世民便因为对李泰的特殊宠爱,特地命他搬到武德殿居住。这个武德殿,本来是李世民日常办公的地方,离李世民现在办公处所的距离,甚至比东宫更近。李世民的这一略显偏心的举动在当时也是被魏徵看在眼里,他曾向李世民进谏道:"陛下要是真的怜爱越王殿下,应该教会他谦虚谨慎,不要自招嫌疑。如今的武德殿就在东宫的西边,当年海陵王李元吉就是住在这里,恐怕越王殿下在这里也不能心安吧?"

这番劝谏直接戳中了李世民心中的旧伤,一幕幕当年兄弟争位的血淋淋往事掠过心头。无奈,李世民只得让李泰又搬了回去。今天想起来,李世民之所以在朝堂上因为朝臣不能礼敬李泰而大动肝火,十之八九也是出于心底深处那无法言明的心愿——尽管李泰不是太子,但李世民的心中早已把他当做太子来同等看待。你们又如何能轻忽于他呢?

今天,又是这个魏徵站出来劝谏。李世民何尝不知道他的言外之意呢?李世民的做法早已超越了普通父亲溺爱袒护儿子的边界,上升到了国本问题。如此大骂群臣,足以把李世民内心的真正想法公之于众,这恰恰是驾驭百官的大忌!

李世民赶紧向魏徵道歉,并赏赐他绢缎千匹,以奖励他的直言敢谏。然而,事情已经无法挽回。李泰因为自己这一极不成熟的举动,将朝堂上三品以上的大员得罪了个遍。日后,他将为这一行为付出惨重的代价。

不过,许多时候,李世民发自于私心的情感实在是太过于强烈,无法抑制。就在此事过去不久,已经被再次起用的礼部尚书王珪奏称:三品以上公卿路遇亲王下马参拜的规定于礼法不合,请求明文取消。

听了王珪的话,李世民不由得皱起了眉头:"人生在世一辈子,祸福寿夭岂能预测?假如哪一天太子有什么不测,难保不是今日的某位亲王成为你们日后的主君，你们怎么敢随随便便轻视他们呢？"

话说到这个分上，相当于向臣下们释放出了一个可怕的信号——太子之位，还不见得已经确定了呐，谁知道将来太子会不会换成其他的皇子呢？

若是此话在朝堂上传扬出去，不啻天崩地裂。要知道，此时离承乾被册立为太子，已经有十年之久了。在这个时候李世民表态说太子之位并不一定非李承乾莫属，无疑使朝堂上的骨鲠之士惊慌不安，而野心之辈，则为之蠢蠢欲动，还指不定要闹出什么大乱子来呢。

李世民的这番言论其实自有他的打算，想当初，李承乾确实是英武不凡，行事果断，颇有李世民当年的风范。要不然，李世民怎么会在即位伊始，便急急立他为太子呢？只可惜，也许是李世民过于关注政事而疏失了对他的教育。随着年纪增长，他身上顽劣之处越来越多，加上他又患有足疾，走路一瘸一拐，若是将来做了人君，甚是有碍观瞻。反观一旁风度翩翩，秀外慧中的李泰，李世民这心中的天平，难免会逐渐失去平衡。

当然，这场潜在的危机在贞观十年（636年）的时候，还未到剑拔弩张的地步。李世民也有意无意地将此事压了下去——往小了说，这似乎只是皇家与大臣的体面之争，并不值得过多地大做文章。然而也有像魏徵这样的明眼人明白李世民心中的秘密。那是两年之后的贞观十二年（638年），李世民再次对魏徵流露出了自己的想法："假如有一天没有了太子，那就该依照顺序立其同母弟弟为储。"魏徵听了李世民这番话，考虑半晌说道："这样做，倒也确实跟殷人有异曲同工之妙。殷人重视兄弟之间的亲情，所以才有兄终弟及的制度。而从周代以来，却改为立嫡以长的制度，以子继父。这样做可以断绝庶出子孙的非分之想，堵塞国家将来的祸乱之源。事关重大，不可不慎重对待！"

这番话说得很客气。表面上看来，魏徵还能为李世民"兄终弟及"的政治安排找到冠冕堂皇的古代先例。然而，若是把殷朝和周朝对比起来看，该

当以何为重，那是秃子脑袋上的虱子——明摆的事。比较起粗野少文的殷人来，周礼注定被每一个正统王朝奉为圭臬。而周礼中最为根本的"立嫡以长"制度岂是李世民能够轻易逾越的！

本来李世民只是打算在礼制层面上先撕开一个小口子，再设法推行自己在立储方面的新设想。魏徵这样一说，就等于堵死了李世民的念头。无奈之下，李世民只好明确表态：三品以上官员，在路上遇到太子之外的亲王时无须下马致敬。这场礼制之争才算画上一个休止符。

不过，这只能算是未来大风暴来临前夕的小小蛙鸣之声而已。因为此刻李世民的全部精力并没有集中于此，目前更需要他做的是尽力化解宗族内部的矛盾，缓解朝堂衮衮诸公的不安情绪。对颇有些不安守本分的李泰，李世民派出了立身以正直耿介著称的王珪做他的老师。希望王珪的人格魅力能教导李泰如何立身处世，如何低调做人。对李泰，李世民一再强调："你侍奉王珪，要像侍奉朕一样恭谨小心。"而聪明如王珪，无疑充分领会了李世民的想法。每次李泰见到王珪行拜见礼时，他也总是坦然接受，毫无惶惑之意。或许，只有王珪这种不阿权贵的君子之风，才能有效地束缚住人们在权力面前总是会被煽起的非分之想吧。

这边暂且稳了下来，另一边，李世民才好正式推行心中早已筹划多年的大计。贞观十一年（637 年），李世民终于以诏书的形式颁布了以世袭刺史封赏诸位功臣的国策。

> 周武定业，胙茅土于子弟；汉高受命，誓带砺于功臣。岂止重亲贤之地，崇其典礼，抑亦固磐石之基，寄以藩翰。魏、晋已降，事不师古，建侯之制，有乖名实。非所谓作屏王室，永固无穷者也。隋氏之季，四海沸腾，朕运属殷忧，戡翦多难。上凭明灵之祐，下赖

英贤之辅,廓清宇县,嗣膺宝历,岂予一人,独能致此! 时迈共资其力,世安专享其利,乃睽于斯,甚所不取。但今刺史,即古之诸侯,虽立名不同,监统一也。故申命有司,斟酌前代,宣条委共理之寄,象贤存世及之典。

接下来,那些有幸列名其中的功臣旧将们,就连他们的封号,也随着世袭州刺史的名号而进行了相应的调整变动,旨在能够做到名实相副,代代相承。

司空、齐国公无忌等,并策名运始,功参缔构,义贯休戚,效彰夷险,嘉庸懿绩,简于朕心,宜委以藩镇,改锡土宇。无忌可赵州刺史,改封赵国公;

尚书左仆射、魏国公玄龄可宋州刺史,改封梁国公;

故司空、蔡国公杜如晦可赠密州刺史,改封莱国公;

特进、代国公靖可濮州刺史,改封卫国公;

特进、吏部尚书、许国公士廉可申州刺史,改封申国公;

兵部尚书、潞国公侯君集可陈州刺史,改封陈国公;

刑部尚书、任城郡王道宗可鄂州刺史,改封江夏郡王;

晋州刺史、赵郡王孝恭可观州刺史,改封河间郡王;

同州刺史、吴国公尉迟敬德可宣州刺史,改封鄂国公;

并州都督府长史、曹国公李勣可蕲州刺史,改封英国公;

左骁卫大将军、楚国公段志玄可金州刺史,改封褒国公;

左领军大将军、宿国公程知节可普州刺史,改封卢国公;

太仆卿、任国公刘弘基可朗州刺史,改封夔国公;

相州都督府长史、郧国公张亮可澧州刺史,改封郧国公。

余官食邑并如故,即令子孙奕叶承袭。

从这一份长长的名单中,你可以发现两点:第一,凡受封者,基本上都是李世民在政治上高度信任的嫡系心腹。而其他一些在朝堂上曾炙手可热、风光无限的名臣如魏徵、王珪等,并不在此列。

第二,受封者的封地基本上都集中在山南道和河南道地区。山南道在终南山、太华山之南,以此得名,东接荆楚,西抵陇蜀,南控大江,北距名山。而河南道在黄河以南,故而得名,西距函谷,冬至大海,北临大河,南滨淮泗。这两处既是由关中东向争天下的咽喉要地,又是财富之区,更是威慑河北和江东的战略前出地带。所谓"安得猛士兮守四方",李世民将世袭刺史尽数分封在这里,正是要他们为李世民"镇守四方",拱卫京师,同时进一步渗透和监视河北江东的异己势力。

此番安排,不可谓不周密。要知道,从每一个人选直至每一块封地,都颇费了李世民不少的筹算苦心。然而这番苦心却不足为外人道,只能依靠李世民的强力去将其推动。当然,一开始,这项计划看上去进行得还颇为顺利。除了马周等少数几位后起之秀外,来自朝堂重臣的反对意见可谓微乎其微。特别是出身军旅的将领如侯君集等人,更是巴不得在列土分疆之外,过上一把政由己出、专制一方的干瘾。至于房玄龄、长孙无忌他们虽然表现得心不甘情不愿,但李世民相信胳膊终归拗不过大腿。因此,当时在李世民看来,这一计划的实现,只是水到渠成之事,哪里会想到后面还会横生波折呢?

总之,在贞观十一年(637年)之前,大唐帝国似乎正有条不紊地在李世民确定的轨道之上运行着。强敌宾服,四夷归心;国势日盛,万民乐业。但凡李世民想要做的事情,无不成功;但凡李世民想要达到的目标,无不实现。这期间尽管也发生了长孙皇后离李世民而去这样的悲剧,似乎是上天在以某种方式警告李世民,要敬畏来自人性情感深处的那些不受理智抑制的力量。然而这在政治生活中也仅是一段插曲而已。当时,自信满满的李世民怎么也没有想到,在接下来相当长的一段时间里,他都要为自己的骄傲和过去做过的事情付出巨大的代价。

只是,那个时候,李世民已经没有了退路,冷酷的现实再一次逼迫李世民在儿女亲情和政治大局之间作出血腥的取舍。

也许我们可以站在一个普通人的立场上,来荒诞地设想一下。假如我们能够现场采访李世民"若有机会的话,在太子人选问题上你愿意重来一次吗"这个问题的话,他会给出什么样的回答呢?

作为一个皇帝,李世民也许会给出这样的回答——这纯属毫无意义的假设,没有任何可能性!

但作为一个父亲,李世民的回答可能是——我愿意!

第五章

新格局

太子的疑惑

自古都说，清官难断家务事。其实，何止是寻常人，就算是古来有名的杰出帝王，也照样免不了儿女情长的牵绊。

三代以降，大禹一生贤德仁义，仍然在临终前选择了把王位移交到自己的儿子伯启手中，从而使得万口传颂的禅让制为家天下所取代。

刘邦是何等的英雄，睥睨一世，意气风发。晚年也在太子和赵王如意之间取舍不定，这才留下了"鸿鹄高飞，一举千里。羽翼已就，横绝四海"的无奈哀歌。

曹操被世人称为奸雄，冷酷无情，翻云覆雨。而他成就大业之际，不也在世子曹丕和陈王曹植之中犹豫不决，才差点于兄弟二人中留下"煮豆燃豆萁"的伦常惨剧么？

放眼古今，这样的事可谓比比皆是，远的就无须再说，就是大唐肇建之时，不也依样画葫芦般地再度上演了一回吗？

玄武门之变，不但扭曲着此后近十年来的官场政治格局，也左右了李世民的行事选择。直到今日，李世民自觉功业已就的情形之下，才有信心走出

玄武门之变的阴影。

然而，在不经意之间，李世民恍然又看到了当年李建成、李元吉和自己的身影。影影绰绰，王储之中似乎酝酿着一场新的风暴。

这难道就是所谓的报应么？李世民不相信什么命数，他必须要正视现实！

李世民有十四个儿子，然而，最有资格承袭李世民衣钵的，只有长孙皇后的三个亲生儿子——李承乾、李泰和李治。

嫡母所出，又是长子，李承乾从出生之日起，就承载了太多的希望。他出生的时候，还是武德二年（619 年）。因为出生在长安太极宫内的承乾殿中，所以为之取名"承乾"。这个名字，说起来还蕴藏着将来继承大业、统御乾坤的期望。对当时还不是名正言顺的皇位继承人的李世民来说，这个名字寄予了他太多的寓意。在玄武门之变后，李世民甫登皇位，便将承乾册立为太子，从这一点也可以看出他对李承乾的无限期望。

那么，为父亲寄予厚望的李承乾是如何一路成长起来的呢？说来令人遗憾，这个原本注定要继承李世民基业的孩儿，却始终生活在没有父亲关爱的世界之中。

武德二年，承乾刚出生不久，李世民便由长安出发，前去河东征讨刘武周和宋金刚。那个时候，宋金刚以迅雷不及掩耳之势攻入李家的龙兴之地——河东，镇守此地的李元吉略作抵挡，便败得一塌糊涂，屁滚尿流地逃回长安，把李家多年苦心经营的基业丢得一干二净。以至于李渊甚至动了全面放弃河东、退回关中自保的念头。

如此一来，大势去矣！李世民当即在朝堂上提出了针锋相对的反对意见——河东万不可弃！

然而败军不可以言勇。在当时，能够有信心力挫强敌、收复失地的人，也就只有李世民了。

于是,在当年的十月,李世民便离开了刚出生的承乾,由长安出发东征。这仗一打,就打到了第二年的五月底。

凯旋后还不到一个月,李世民便又踏上了讨伐洛阳王世充的征途。等到再次父子相见的时候,承乾已经快两岁了。然而,此后父子俩依然与寻常人家的天伦之乐无缘。从一次又一次的出征山东平叛,到处心积虑地策谋夺嫡之变,可以说,教育儿子、培养儿子从来就不是李世民生活的重心。

在这段时间里,陪伴着李承乾成长的,是谁呢?

对承乾最为重要的,恐怕应该是他的母亲——长孙皇后。温柔贤惠的她,以母爱呵护着这个长年累月看不到父亲的孩子。

除了长孙皇后,经常与童年时期的承乾为伴的还有哪些人呢?

还有李世民的父亲。李渊一辈子都对自己的子女疼爱有加,以至于在政治的大是大非面前,他也坚持用折中调和的态度去处理纠纷和矛盾,尽一切力量避免自己的亲人流血伤心。当李世民经年累月于战场厮杀不休的时候,李渊一直在长安的宫中享受着一个做君上、做祖父之人的天伦之乐。那个时候,李建成、李元吉等兄弟的子女和李承乾一道,在李渊身边绕膝玩耍,无忧无虑。这,就是李承乾童年生活的大部分记忆。

在官定的史书上,李承乾最早留下的正面记录,仅有"性聪敏"寥寥数字而已。在李世民发动玄武门之变殊死一搏的那一年,才八岁的李承乾,未必理解得了六月初四这一天对他来说意味着什么。然而,小小年纪的李承乾一定也听到了秦王府高墙外那震天的喊杀声——事变当日,孤注一掷的李世民为了防止长孙皇后留在府中出什么意外,特地把她也带在了身边,即便事败,夫妻二人也终归可以生同衾、死同穴。至于李承乾、李恪、李泰等几个孩子,则被无奈地留在了府中。若是那一天李建成部将敬君弘他们侥幸攻破秦王府的话,李世民恐怕就再也见不到李承乾这一帮孩子了。

事变的结果,不是李世民再也见不到李承乾,而是李承乾再也无法见到

他那十余个堂兄弟了——李建成和李元吉的子嗣被李世民下令诛杀殆尽。前日李承乾还和他们一块在李渊的殿前嬉戏玩耍，今天就已经人鬼殊途。李承乾的弟弟们年龄尚小，不会懂得这一切都意味着什么。可在"聪慧"的李承乾心中，也许已经留下了深深的烙印——原来伴随着那至高无上的帝王权力的，还有至为残酷无情的生死考验。

不过，这一段经历对一个八岁的孩子来说，很快就会被暂时埋藏到记忆的深处。从李世民被立为太子起，一直到即位后的头三年里，李世民和家人们都住在太子所居的东宫，而不是皇帝应该居住的太极宫。李世民与李承乾相处最多，也最愉快的时候，可能就是这三年的短暂时光吧。

可惜，在这三年里，李世民每天要处理的国事实在是过于繁重，他肩上所挑的可是整个大唐的江山。对李承乾，做父亲的实在是抽不出太多的时间来教诲他如何做一个懂事的太子，如何成长为一个贤明的君王。三年后，李渊退位，随后，李世民和长孙皇后以及其他未成年的孩子们一道搬进了太极宫。而此时，已经是皇储之尊的李承乾却被孤零零地留在了东宫——那里是他名正言顺的居住之地，也是古来多少人梦寐以求的帝王龙兴之地。然而，这一切对李承乾来说，都没有太大的意义。他只知道，从今以后，伴随着自己的，只有毕恭毕敬、奴颜婢膝的随从属官；伴随着自己的，只有满腹经纶、仁义为先的饱学宿儒。想要见一见自己的父亲和母亲，还得事先通禀。想要和兄弟姐妹聚上一聚，也只能等到大家共赴宴席的时候，要不然就会顶上一个"结交诸王"的罪名。

按理说，这是一位太子该遵循的生活方式，然而这却不是一位孩子应该遵循的生活方式。李承乾的脉管中毕竟留着李世民的血液，李世民童年和少年时期所经历的一切，他都没有机会去经历，去感受，但他还是向往那种野性而本真的生活。可惜，这种生活李世民无法提供给他，李世民能够给他的教育,就是希望他在文士儒家的礼法束缚之下,做一个循规蹈矩的守成之君,而不要重蹈当年隋炀帝的覆辙,予智予雄,最后倾覆天下。为了达到这个目的,李世民精心为李承乾挑选授业恩师。第一个在李世民看来最合适的人选,便是当初李建成的太子少保,如今的太子少师——李纲。

说起李纲这个人,他也称得上是一个传奇人物。他一生中共辅佐过两个朝代的三位太子,从前朝杨勇,到本朝的李建成、李承乾。虽然时移世易,可这位老臣都只坚持一个信念——忠心耿耿地做好自己的本职工作,当好皇帝接班人的老师。只是,事实好像证明,李纲的职业生涯并不怎么成功,他所辅佐过的太子,命运都让人欷歔不已。这道理,直到后来李世民才想明白——李纲心中的道德礼义,从来不是适合用于帝王家的道德礼义。李承乾是一个聪明孩子,正是因为太聪明了,所以每当李纲这样的宿儒谆谆告诫他应当如何做时,李承乾心中所疑惑的,却是另外的问题:父皇为什么要这样做?父皇今天所做的,与当年太上皇所做过的事真的一模一样么?

当然不一样!李承乾心中的所有疑惑,便由这里发端。然而,他没有机会询问李世民,也没有机会去模仿李世民骨子里的帝王之术。凭借血管里那传承自李世民的不羁野性,李承乾开始按照自己的解读来贯彻李世民和李纲对他的期望。贞观六年(632 年)的时候,他还是一个看上去乖巧懂事的少年。那一年,李世民在外面巡察回宫后,特地前往李渊所居住的大安宫探视,为了表示对李渊的一片孝心,李世民亲自为父亲扶辇。

李渊坚持不允,个中缘由,李世民不愿意去揣度。李世民知道,李渊心中的块垒,从来就没有消除过。面前这个自己曾经最为宠爱的儿子,这个曾绝情地杀死兄弟,又将自己赶下权力巅峰的儿子,现在站在自己的面前要彰显淡漠已久的孝心。将李世民与李渊位置互换,估计李世民也不愿接受。

但是,面子功夫还是要做的。大家都明白,历来帝国的立国之基便是以孝治国。李渊毕竟是李唐的开创之君,维护政局、稳定人心的事,李渊还是

要配合李世民做下去的。这折中的办法,便是由李承乾代替李世民完成这个扶辇的任务。

整个过程中,李承乾都表现得十分乖巧懂事。作为一个恭谨的皇太子和孝顺的皇孙,他都做得很好。那一年,他已经十五岁了。那一天,所有在场的长辈和家人们都刻意营造出其乐融融、共叙天伦的幸福氛围。李承乾自然也是这其中的一分子。只是,他也许正以自己独有的聪慧头脑在解读着先前所见到的一切——仁义贤德,恭孝礼让就真的能成为一个好皇帝吗?如果答案是肯定的,那么,六年前的那场悲剧又是从何而起呢?如果答案是否定的,那么,今天父皇要求自己所做的一切,自己所学的一切,其意义又何在呢?

李承乾也许疑惑了相当一段时间,因为没有人告诉他真正的答案。他也不知从何问起,这在当时不管对谁来说,都是相当敏感的话题。不过,他后来一定以自己的方式解开了这个谜团,答案却也让他踏进了另一个误区。

我是谁?我是一人之下,万人之上的皇太子。

我将来是谁?我将来是九五至尊,万乘之主。

可是,这一切对我来说有意义吗?

从贞观元年(627年)便被立为太子,到如今,已经六年整了。这六年之中,几乎每日都有人来告诉他,做一个好太子的责任是什么,义务是什么,却没有人来告诉他,太子,为什么这样一个看上去枯燥乏味的身份,会值得父亲当年不惜牺牲一切,用命来换取。

他当然想不明白,即使想明白了,也无法真正发自内心感受到。这个位置,是在他尚未真正懂事之时,便由父亲当做礼物一般交托到他手上的。在此之前,他对太子的位置没有渴求,没有希冀,没有梦想,也没有过惶惑。那么,他又有什么理由去小心翼翼地按照长辈们的期望和要求来扮演好这一角色呢?话又说回来,李承乾还曾经对未来的皇帝身份有过一丝自己的构想和憧憬,但随着时间一天天过去,在李世民巨大光环的掩盖之下,他似乎开始变得迷茫和消极,也更加的不知所措,他一定在内心呼喊着:

"父亲,曾几何时,你是我心中那个纵横四方、威加海内的大英雄,是孩儿心中的榜样,是我效法的对象。可如今,你却要孩儿按照一条你所规定的人生道路规行矩步,恪守礼法,这不是孩儿想要的生活!"

挑 战

仅仅一年之后，也就是贞观七年（633年），就有东宫随侍官员含蓄地向李世民禀报：太子近来越来越贪玩无度，经常干出一些有亏礼法的事来。闻言后，李世民大吃一惊，这还是那个平素聪明伶俐的儿子吗？他在背地里的表现怎么跟在我面前会有如此之大的区别？

这时候，李世民又犯了一个错误——他没有亲自去过问太子的这些潜滋暗长的不良苗头，而是委托东宫官员于志宁、孔颖达等著名大儒，要他们加强对太子的规谏和教导。李世民恳切地对他们说道："朕一直到十八岁，还在民间生活，当然深知民间的疾苦哀乐。就算是这样，在即位之后还时常有这样那样的过失。皇太子自打出生之日起，便生活在深宫之中，从来不曾接触过世事。要他不犯过错，那是不可能的事情。只希望你们能替朕分忧，好好教导他。"

担心归担心，当时李世民对这个儿子基本上还是信得过的。他冷静下来一想，李承乾所为，多半是贵族子弟的惯常习气而已，谁年轻的时候没有荒唐过呢？李世民如今在处理政务之余，尚且时时以飞鹰走犬为乐，还常常引来魏徵等一干大臣的劝谏阻挠。李承乾偶有放纵之举，似乎也不必过于大惊小怪，只要大节不亏即可。

什么是大节？首先，乃是孝道，是对李世民这个父亲的恭敬孝顺之情；其次，乃是治国理政的才能。这两点，才是重中之重。其他的，让做老师的去慢慢引导他即可。

于是，到贞观九年（635年）李渊驾崩的时候，按照礼法，须得守丧三年。李世民便利用起了这个机会，退居幕后，除了军国大事之外，将许多不是十分要紧的日常政务都交托给李承乾来处理。一番考察下来，他发现这个孩子还真的没有让自己失望，大部分事务都处理得十分得体妥帖。李承乾算是顺利地通过了李世民的考察。

不愧是我李世民的儿子！此后，李世民又多次寻找机会让他以太子的身份监国理政，开始真正地去学习如何成为一个合格的皇帝。这段时间里，李承乾只要一上朝，便会正襟危坐，与群臣们畅谈忠孝之道。他本来系出名师，一番滔滔大论下来，总是使得大臣们叹服不已，交口称赞。大家都夸说：大唐有如此孝顺贤明的皇储，真乃社稷之福！

不过，倘若一个人不是发自本心地来做这些事的话，迟早会在众人面前露出真性实相。时间长了，李世民慢慢发现，李承乾这个孩子很有心计。朝堂上他在群臣面前表现得风度端凝，仁义可风，一旦退朝之后回到自己的宫中，又与平日里的一众轻薄无赖之徒厮混不休。这还不算什么，最让人哭笑不得的是，一旦有东宫里的随侍之臣实在看不下去太子的这番作为，准备苦心进谏一番时，李承乾总是会预先揣摩进言者都要跟自己说些什么，然后在对方面前正襟危坐，还没等别人开腔，便主动批评起了自己。这一番自我检讨不开腔则已，一开腔，那真是辩才无碍，又情真意切，让人无从插嘴。这也是李承乾这么多年与李纲、于志宁这样的儒生们周旋得出的不二法门——他们是好人，是很能用老生常谈来烦自己的好人，同时也是很容易哄骗的好人。他们总是天真地相信，人性本善，知过能改，善莫大焉。他们不愿意相信，在仁义背后，还有一种东西叫做权术。他们更不愿意相信，自己苦心用孔孟之道教导栽培出来的弟子，会用权谋诈术来对待自己。

而李承乾却这样做了，或许是无师自通，又或许是从深宫中的尔虞我诈、钩心斗角中过早地受到了启发——更多的应该是前者，毕竟他身体里流淌着李世民的血液。然而，他的行为却与李世民有着本质的区别。帝王之道，本来就是外儒内法，而济之以道。李世民之所以这样做，一方面是行军用兵时所养成的习惯，再后来，身处复杂的政治斗争旋涡之中，李世民也不

得不以此为护身之利器,治国之法宝。总之,李世民的目的很明确——一切为了国家大计而服务。

而李承乾的目标又是什么呢?恐怕他并没有目标。他仿佛一个懵懂的孩童突然在路边发现了一柄锈迹斑斑的铁剑,于是兴高采烈地捡拾起来,四处挥舞一通。他所想展示给大家看的,只不过是自己也懂得御剑之术而已。兴之所至,便会以此剑胡乱伤人,借以自娱。

父皇,你会的,我也会。你做过的,我也能做。你终日在朝堂上鼓励大家忠言直谏,又何尝是出于你的本心呢?你不是也时常用你的无碍辩才,将前来进谏的大臣们噎得说不出话来么?你不喜欢我结交"宵小",可你身边不也有像宇文士及那样的巧言令色之徒吗?为什么你可以做,我就不可以?

在李承乾看来,这些白发苍苍的老师们,似乎是李世民的另一个化身,时时刻刻在身边管束着他,监视着他。然而,他又无法将这些人当做自己的父亲,发自内心地来尊敬爱戴。因为,他们只会板起面孔,和自己大谈什么圣贤的道理。

也好,那就让我们来较量一番吧,看看我是否能将你们玩弄于股掌之中!

果然,李承乾做到了,要对付几个书生秀才,以他的小聪明,还是做得到的。不过,这样一来也使得他飘飘然起来。因为这些人乃是他眼中李世民这个父皇的化身,骗倒了他们,也就等于骗倒了李世民。

父皇,那个过往心中神一般的存在,原来也不过尔尔吧?

李承乾在自己的小天地中得到了陶醉和满足,这是他的游戏,也是他在幻想中与李世民的较量。他乐此不疲。

很快,他又迷恋上了新的游戏。他命令宫中奴婢数百人打扮成胡人的模样,舞衣弄剑,昼夜不绝。鼓角之声相闻,内外皆知。又令人精心选拔状貌类似突厥人的部下,自己也打扮成突厥人的模样,披羊裘,梳辫发。将他们分为部落行伍,平时居住在穹庐毡帐之中,引刀持剑,模仿战阵互相攻伐厮杀,终日不绝。

这些在后来也成为李承乾的罪状之一。其实,李世民家族世代尚武,这又算得上什么大罪过呢?只不过,大唐帝国此时已不再需要一位好大喜功的勇武皇帝,而需要一位谨慎仁孝的守成之君。这一点,李承乾也许并不是看不明白,他只是心有不甘。

父皇,你做过的事,我为何就不能做到?你可以荡平天下,永清朔漠,将不可一世的突厥人打得落荒而逃。我却偏偏要扮做突厥人的模样,用这样近乎于儿戏的方式,来表达我心中深藏的渴望。

很可惜,那只能是几出让人啼笑皆非的儿戏而已。李承乾永远不可能走李世民走过的路,做李世民所做的事。但他还执著地相信,自己营造出来的虚幻是现实,自己所臆想出来的光彩终将永存。

到这个时候,即便是李世民来亲自劝诫教导李承乾这个孩子,估计也起不到应有的作用了。李承乾已经把自己完全封闭了起来,他用在大臣身上的种种小聪明的得逞使他益发自信起来。倘若未曾经历过挫折,他永远也不可能认识到这一点。

李世民开始对李承乾产生了成见。而与之相对的,是对魏王李泰的宠爱日隆,甚至于浓厚到了足可以掀起波澜、惹出是非的程度。

李泰这孩子是诸位皇子中最为特立独行的一位。说他特立独行,是因为他的爱好与自己的兄弟们实在太不一样了。像李承乾,就常在儿戏般的"两军对斗"中寻找乐趣,又或者是飞鹰走犬、田猎纵酒,这都是当时贵族子弟、王孙公子司空见惯的消遣方式。而李泰呢?他的心思完全扑在了文学著述上面。李泰打小就表现出对文学的浓厚兴趣。虽然他体态说不上英俊魁梧,还稍显有些肥硕,然而写起文章来,却是锦心绣口,就连那些目空一切

的江南文士们也总是忍不住对他赞不绝口。

要知道，赳赳武夫，李家从来不缺。而说起辞章文藻来，虽说李渊也好，李世民也好，都能落笔成章，但在正统文人眼中，总是稍欠火候，而要赢得这群书生学士发自内心的尊敬叹服，一味恃武是起不到多大效果的。他们表面上纵然表现得毕恭毕敬，但总免不了私下里评论这位君主粗野少文，鄙陋不堪。这就是文人士大夫的积习，当年隋炀帝总是喜欢抓住一切机会在臣下面前炫耀自己的文学才华，不能不说其中也有这样的考虑。李世民虽对这种习气极为不喜，可是要治天下，又非得凭借他们不可，否则，关陇贵族和山东士族的势力一旦过分坐大，便会将皇权架空。

李世民在的时候，还能凭借过往的功业镇得住这些大臣。自己一旦离开，他们怎么可能对成天嬉游无度的李承乾俯首帖耳呢？而李泰这个孩儿，倒是能够凭借自己的文学才华将这些人聚拢在自己的身边。唉，可惜，实在是可惜，若是李承乾能像李泰那样就好了。

也许很大程度上是出于这样的考虑，李世民一直对李泰青睐有加。他年纪渐长，按规定应该离开京城，前往自己的封地就国，然而李世民却始终舍不得让他离开。因为他身体过胖，行路困难，李世民还专门给予他可以乘坐小辇入宫朝见的特权。总之，在许多方面，李泰所享受的规格待遇都大大超越了其他的皇子，甚至可以与李承乾比肩。

对李世民的这种做法，大臣们不止一次地提出过异议。那个时候，李世民并没有对此有足够的重视，又或者是李世民的心里，本来就处于举棋不定之中吧——李承乾和李泰，到底谁更合自己的心意呢？

喜好文学的人，内心或多或少都是敏感而细腻的，李泰也不例外。他懂事以后，逐渐开始明白"皇太子"这个身份有多么的尊贵可羡。然而，平日里他只能以一种仰望的姿态，盯着自己的兄长李承乾将"皇太子"的尊号在手中把玩耍弄。李泰又会怎样想呢？

不公平,实在是太不公平了。为什么我的兄长自打父皇登基那天起,就成了这个帝国理所应当的法定继承人,而我却要在他的身后亦步亦趋?论才华,论能力,他有哪一样强过我?我们一起长大,一起玩耍。难道我对他还不知根知底吗?就因为他比我先出生,就注定了要一辈子强过我,压着我?尤其不公平的是,在我看来如此高不可攀的皇储之位,在他手中却如同一个廉价的玩具——放纵宫人作乐无度,勾结宵小之辈搞一些类似于乡野顽童才乐此不疲的闹剧。这是未来皇帝接班人该做的事情吗?如果换成我,我会做得更好。

更关键的是,李世民为李泰心中的这股怨气打开了一扇希望的大门。单单从日常生活的待遇上看,在诸位皇子之中,只有李泰能享有和李承乾差不多的规格标准。要知道,名为实之表,实为名之本。要是放在民间,这只不过是一个略微有点偏心的父亲表示自己爱子之情的一种方式而已。然而对李泰来说,这无疑是李世民时时刻刻都在向他暗示:未来的皇帝,也不是不可以考虑由你来做!

就这样,大唐帝国的第二场夺嫡之争,在潜滋暗长之中拉开了序幕。

洗 牌

贞观十二年(638年)七月,一位老臣再度拜相,接替了于去年病逝的尚书左仆射温彦博所空缺出来的相位。这位老臣,就是当年因为自作主张扣下事关宇文士及谋反密奏的高士廉。

这一年,高士廉已经六十三岁了。此番重新回到中枢决策圈,一个很大的原因是他在礼部尚书任上主持编撰《氏族志》有功,基本上贯彻了李世民的既定意图,将皇族的身份地位提升于世族之首,同时又贬抑了山东旧世族的门第品级。所以李世民升任其为尚书右仆射,作为尚书省的二把手。

这一安排,一方面来讲是政治酬庸,另一方面也是为了配合李世民进一步弥合关陇与关东、江南政治集团的矛盾,以及平衡新旧政治势力。经过李世民这数年来的暗示或明示,高士廉已经对李世民的政治意图了然于胸。任用他,就好像任用萧瑀一样,明确代表着李世民未来的施政方向。

高士廉拜相的另一重潜在影响,便是直接或间接地加强了长孙无忌在朝堂上的分量。因为从亲缘关系上讲,高士廉是长孙无忌的舅舅。自然,李世民是有信心将这层关系限制在私交之内的。要知道,不管是高士廉,还是长孙无忌,他们平素里都以低调谦逊而著称,并没有表现出什么专擅揽权的举动。特别是吸取了"宇文士及谋反"事件教训的高士廉,更是在辅政过程中不敢越雷池一步,看来,他的政治经验是真的被磨砺出来了。

那个时候,李世民没想到,日后成为长孙无忌左膀右臂的,是一个温和儒雅的书生,但他在政治上却非同寻常地充满了侵略性,正是这个人的出现,才使未来的朝局发生了一些深远的变化,甚至于改变了许多人的命运。

这个人,就是褚遂良。说起来,他和李世民算是颇有渊源。他的父亲叫做褚亮,是当年闻名遐迩的秦王府十八学士之一,正所谓虎父无犬子。褚遂良和他父亲一样,以文采学识博得了许多人的交口称赞。

当然,那个时候他还只是一个毛头小伙子,备位下僚。他再怎么俊才卓异,也很难上达天听。除非在恰当的时候因缘际会,能闯入李世民所属意的人才储备库中。这样的机会,不是随便什么时候都会有的。

可褚遂良的运气就是那么好。贞观十二年(638年)六月的时候,当世闻名的大书法家虞世南病逝了。

这位老先生一生历仕南陈、隋、唐三朝,一辈子都以佐君为圣贤作为自己的人生目标。多次直言劝谏李世民要勤于政事,不要恣意于田猎游乐之中。但打心底深处,李世民还是只把虞世南看做一个文学侍从之臣而已,平时跟李世民研究研究书法,谈论谈论文学即可,要真论及什么国家大政,李世民是不把他的意见当一回事的。虞世南死后,李世民心中的遗憾之情实在是难以形于言表:"世南死了,再也没有人可以同我谈论书法了。"

从这句无比遗憾的话语中,人们听出了李世民的心声。或许有许多人羡慕李世民对虞世南的特殊礼遇。然而这对于一个饱读圣贤书的一心为国的有识之士来说,无疑是一种悲哀。

如今虞世南走了,魏徵便向李世民推荐了同样以书法称善的褚遂良。一开始,李世民也只是把这位性格温和低调的臣子当做虞世南的替代品而已。只是没想到,他并不如李世民所想的那么简单。他的出现,使朝堂上好不容易出现的平衡局面发生了倾斜。

贞观十三年(639年)的正月,李世民任命尚书左仆射房玄龄为太子少师,承担起辅佐太子的工作。没想到,这道任命把房玄龄吓了一大跳。那个时候,他已经做了十五年的宰相,小儿子房遗爱娶了李世民的女儿高阳公主,女儿又嫁给了李世民的弟弟韩王李元嘉,贵为王妃。荣宠如此,按理说

富贵已极,当然要防止月盈则亏,盛极必衰。为此,房玄龄在接受任命的同时,立刻上了一道表,要求辞去左仆射一职。看来,是前几次的罢相经历给房玄龄留下了心理阴影,他还以为李世民又在以隐晦的方式暗示他可以退位让贤了呢。既然如此,还是赶快做个识趣的人吧。

然而,李世民这一次压根没有这样的意思。那个时候,李世民对李承乾还抱有期待。一番反思之后,李世民意识到,李承乾恐怕不再是几个待人处事稍显迂腐的老儒生可以指导得好的了。不如让既会做人,又通晓世故韬略的房玄龄前去试上一试,或许还有希望呢?因此,李世民态度强硬地驳回了房玄龄接二连三递上来的辞呈。这才让房玄龄明白,这一回,皇帝可不是来找自己麻烦的。

不过,房玄龄的表现却让李世民很是失望。按惯例,李承乾将会向房玄龄行十分庄重的拜师大礼——这也算是李承乾最为拿手的例行表演之一。当时所有的仪卫全都准备就绪,只等房玄龄前来东宫了。万万没想到的是,还在半路上的房玄龄听到这个消息后,竟然连太子的面都不敢见,直接掉头回家了。

这一姿态,和当初同样为太子师的王珪比起来,真是判若云泥。王珪是什么人?只能算是后来收编过来的外人,而房玄龄再怎么说也是自己人。外人可以当仁不让地挑起辅佐太子的重任,房玄龄却如此畏畏缩缩,可真是奇了怪了。

其实,以房玄龄的性格和地位来说,他作出这样的姿态并不奇怪。他是谁,是谨慎小心了一辈子的房玄龄啊。有关玄武门之变以来的机密,他知道的实在是太多了。是非不来找他,他就该额手称庆了,如何能去寻找是非呢?

是非?是的,在许多官员看来,事关储君的国家大计,从来就是是非聚集之处。更不要说在此之前,李世民已经多次有意无意地流露出了对李承乾的不满和担忧之情。一旁还有一个跃跃欲试的李泰。这摊浑水,可不是谁都蹚得的,至少,房玄龄压根就不想蹚进去。他可以说是心甘情愿地为李世民冒了一辈子风险,但是不想老的时候,为这个事情毁了一世英名。

房玄龄不想,可有人想。房玄龄觉得是危机的事,有人却觉得这是天大的机遇。历来立储之时,就是朝堂上各种政治势力洗牌之日。倘若押对了宝,便可飞黄腾达,终生受用不尽;反之,若是不小心站错了队,那十有八九会掉进万劫不复的深渊之中。然而,有什么能比这个赌局更激动人心的呢?未来的国之储君,不管怎么变动,总归只能产生一位。错过此次,自己可能会追悔莫及。既然如此,为何不豁出去搏一搏呢?

正是在这样的背景下,本已渐趋稳固的各派政治势力开始再度活跃起来。只不过,当时的许多暗流尚未涌出表层汇集到一起,一时竟连李世民也未能对之引起重视。

抗　争

当围绕着太子之争的暗流还在潜滋暗长的时候,另一个爆炸性的事件将众臣的注意力齐刷刷地吸引了过去,以至于连太子之争也暂时被放到了一边。

那就是围绕着世袭刺史制度而展开的一系列抗争活动,一时间竟然闹得风起云涌,不可开交。

从群臣的反应来看,冷眼旁观者有之,情绪激奋者有之,左右逢源者有之,义正词严者也有。

只有李世民一个人看得明白,世袭刺史之争和太子之争,其实殊途同归,都是关于李唐天下将来的走向如何激起的政坛变数,只是,这变数,极大地打乱了李世民一开始做出的布局安排。

贞观十三年(639年),也就是房玄龄被任命为太子少师的这一年,东宫总管于志宁和侍御史马周联袂上书,强烈反对李世民业已实施的世袭刺史制度。一开始,李世民并没有太当一回事,毕竟,诏令已下达了相当长一段时间。虽然不少受封重臣都寻找着各种借口,千方百计地拖延出京上任的时间,反对声浪也时有起伏。但总的来说,并没有掀起什么大的波澜。因此,李世民估摸着这一次还将会和以前一样,只要自己置之不理,总能对付过去。

然而,令他始料未及的连锁反应马上就出现了。在于志宁和马周之后,许多重量级的朝臣也公开提出了自己的反对意见,其中便有在朝堂上举足轻重的房玄龄和长孙无忌。这两人更是联名奏上了一封《辞功臣袭封刺史表》。

纵览全文,这封表可以说写得是情真意切,公忠体国,让人不能不为之动容。

　　臣等夙奉明诏，授臣刺史，子孙继袭，事等建侯，承恩以来，进退维谷，公私迫切，益深危惧。窃以无劳而贵，自开逐祸之原，仰累明时，虚行变古之道。形影相吊，若履春冰，宗戚忧危，如蹈汤火。臣无忌等诚惶诚恐，顿首顿首，死罪死罪。臣闻质文迭变，皇王之迹有殊；今古相沿，致理之方乃革。缅惟三代，习俗靡常，爰制五等，随时作教。盖由力不能制，因而利之。礼乐节文，多非己出，逮於两汉，用矫前违，置守颁条，蠲除曩弊。为无益之文，覃及四方；建不易之理，有逾千载。今曲为臣等，复此奄荒，欲其优隆，锡之茅社，施于子逾孙，永贻宗嗣。斯乃大钧播物，秋毫并施其生，小人逾分，后叶必婴其祸。何者？违时易务，曲树私恩，谋及庶僚，义非金允，方招史册之诮，有紊圣代之纲，此其不可一也。又臣等智效罕施，器识庸陋，或情缘后戚，遂陟台阶，或顾想披荆，便蒙夜拜，直当今日，犹愧非才。重裂山河，愈彰滥赏，此其不可二也。又且孩童嗣职，义乖师俭之方；任以襄帷，宁无伤锦之弊？上干天宪，彝典既有常科；下扰生民，必致余殃于后。一挂刑网，自取诛夷，陛下深仁，务延其嗣，翻令剿绝，诚有可哀，此其不可三也。当今圣历休明，求贤分政，古称良守，寄在共理。此道之行，为日滋久，因缘臣等，或有改张，封植儿曹，失于求瘼，百姓不幸，将焉用之，此其不可四也。在兹一举，为损实多，晓夕深思，忧贯心髓。所以披丹上诉，指事明心，不敢浮辞，同于矫饰，伏愿天泽，谅其愚款，特停涣汗之旨，赐其性命之恩。

　　动容归动容，若是将这封奏表反复读上数遍，就能发现内中的强硬态度。

　　首先，按照惯例，臣子要对主上提什么意见，聪明的做法便是先自谦自贬一番，像什么"承恩以来，进退维谷，公私迫切，益深危惧"，那是说皇上您赏赐给我的恩典从公私两方面来看，都显得太多了，倒闹得我们于心不安。还有"以无劳而贵，自开逐祸之原……"说的是做臣子的总感觉是在无功而受禄，惭愧啊惭愧。还有"形影相吊，若履春冰，宗戚忧危，如蹈汤火"是说我们不但自己心里觉得不安，连宗族家人都觉得战战兢兢如履薄冰，实在是不好意思再领受什么新恩典了。

　　这自然是老生常谈的套话，但基本上来讲，是开宗明义地表明了他们的态度。什么态度呢？一个字：怕！

　　怕些什么？当然不仅仅是自己的身家性命不保那么简单。这个世袭刺史，从讨论到实行，时间已经不算短了。该考虑的，该反对的，都已经说得太多，这份奏表还能翻出什么新花样来吗？

　　第一点，长孙无忌和房玄龄态度鲜明地指出："臣闻质文迭变，皇王之迹有殊；今古相沿，致理之方乃革。"也就是说，萧瑀和陛下您鼓吹的，都是上古先王那一套东西。那个时候也许还行得通，可是您若想也不想就放到现在来，哪来那么大自信就一定能收到好的效果呢？

　　第二点，即便是上古先王用这样的分封之法，也不见得就是他们真的喜欢这个调调："缅惟三代，习俗靡常，爰制五等，随时作教。盖由力不能制，因而利之。礼乐节文，多非已出。"夏商周以来，中央天子的力量还不足以制服各方诸侯，只能够一边搞怀柔之策，一边大封同姓诸侯前往四方监视和制衡异己力量。说白了，这只是不得已而为之的权宜之计。如今陛下您的声威震于殊俗，前年，马周不还上奏说：国家长治久安的要诀在于谨选刺史、县令这些地方官员。陛下您当时就借马周所奏，将全国的刺史委任大权牢牢地控制在了手里，这充分说明今天中央的控制能力已经今非昔比，何必要多一道手续，借助世袭诸王和功臣来控制地方势力呢？

最后，便是最为关键的四条"不可"：

一不可："违时易务，曲树私恩，谋及庶僚，义非金允，方招史册之诮，有紊圣代之纲。"陛下您治国的根本之道，是用文官来压制武人势力，用科举选拔出来的寒门文士来抵消豪强大族的影响。可您今天这样做，岂不是在瓦解旧大族势力的同时，又树立起一批新的地方豪强，自己给自己添乱？

二不可："臣等智效罕施，器识庸陋，或情缘后戚，遂陟台阶，或顾想披荆，便蒙夜拜，直当今日，犹愧非才。重裂山河，愈彰滥赏。"我们这些人，智虑浅薄，全凭陛下您领导有方，才侥幸获得了今天的地位，可不敢接受列土分疆的重赏。

三不可："且孩童嗣职，义乖师俭之方；任以襄帷，宁无伤锦之弊？上干天宪，彝典既有常科；下扰生民，必致馀殃于后。一挂刑网，自取诛夷，陛下深仁，务延其嗣，翻令剿绝，诚有可哀。"我们这些人见识短浅，蒙陛下您信任有加，可我们怎么敢保证将来继任世袭刺史职务的子孙后代也像我们这样识时务，知进退呢？陛下您不是不知道，现在的功臣贵胄子弟，有几个是教育有方，老老实实的？他们将来若是不知检点，触犯国法，陛下您必然会以法网绳之。这不是等于现在挖了一个陷阱，让我们这些功臣跳进去断绝后世子孙吗？您虽然是一片好心，可我们实在消受不起啊！

四不可："当今圣历休明，求贤分政，古称良守，寄在共理。此道之行，为日滋久，因缘臣等，或有改张，封植儿曹，失于求瘼，百姓不幸，将焉用之。"如今中央直接派遣官员管辖地方，实施这么久以来，一直都运行良好。即便是还有指挥不如意的地方，您耐点心，慢慢加以充实巩固便是，何必走回头路，另起炉灶呢？

而正是这封奏表中的"四不可"点到了李世民的痛处。很大程度上，世袭刺史还真的就是一种权宜之计。李世民不是政治白痴，世袭分封制度从某种意义上来讲，就是在饮鸩止渴。李世民所分封出去的这些功臣宿将在

173

一代人之内,确实能够成为李唐王朝在地方上的中流砥柱,帮助李世民压制原来地方上的异己势力,遥为中央形援。可是,这一代人之后又将如何呢?很显然,他们会形成新一代的门阀势力,变成让下一任君主头痛不已的麻烦。到那个时候,难道再处心积虑地来削藩吗?

反过来看,如今所推行的一系列制度,诸如科举取士、广开言路、编撰《氏族志》等,虽然见效缓慢,但李世民坚信这些措施是大势所趋,象征着未来的政治方向,不是那些抱残守缺之徒可以阻挠破坏的。世袭刺史这剂猛药,是不是真的那么有必要也就要再议了。

其实,这封《辞功臣袭封刺史表》只是长孙无忌他们所表示出的一个正式的政治姿态而已。在此之前,长孙无忌已经通过自己的儿媳妇长乐公主,从私人感情的角度向李世民表达了他的态度。

"陛下,当年我们一起出生入死,好不容易才跟着陛下有了今天的局面。现在您非要我们前往外地去做什么世袭刺史,这不是不再需要我们这些老臣伴随左右了吗?这样做,不是等于变相流放我们吗?老臣宁死也不愿奉诏!"

能对李世民这样肆意"撒娇"而又不会遭到惩处的,恐怕也就只有这位与李世民"情同父子"的长孙无忌了。而替他带话的长乐公主,当然也非寻常宗室可比。她是李世民与长孙皇后的第一个女儿,李承乾和李泰的妹妹,李治的姐姐,也就是长孙无忌的亲外甥女儿。她的夫婿,便是无忌的嫡长子长孙冲。也就是说,这是一次纯属家人之间的对话,既然是关起门来说的自家话,当然不需要像在朝堂上那封奏表中所宣布的那些话一样,讲得冠冕堂皇,义正辞严。从这番家常话里就可以听出来,以长孙无忌为代表的老臣们反对封建诸侯制度,除了担心造成藩镇尾大不掉的局面,给自己子孙带来灭顶之灾的同时,还担心另外一件事情,那就是被迫离开京城,远赴外地上任。

这从某种意义上来讲，是对长孙无忌最为现实的威胁。

当然，这个世袭刺史制度，很容易引起人们的误解。以为一旦他们接受诏名，就会很快被赶出京城前往封国就藩。因此这样的说法才广为流传：长孙无忌等元老大臣都是舍不得皇上、舍不得京城、舍不得手上的权位，所以一拖再拖，迟迟不肯就范，甚至不惜用撒泼耍赖的方法来激李世民发怒，好废了他们的封地，以遂其愿。

其实，在这件事上，李世民怎么可能会这么决绝。只要稍微想一想就应该明白，长孙无忌和高士廉暂且不论，房玄龄可是长期负责大唐政务部门实际运转的不二人选。他突然走了，李世民岂不是要活活累死？

还有侯君集、李道宗等，都是禁卫军的将领，怎么可以一朝之内便将他们尽数调空呢？这种事情，想想也知道不可能。所以说，更为现实的处理方式是这样：受封的世袭州刺史们依然在京供职，至于封地内的行政事务，则由刺史的副手，比如别驾或治中等代为管理。在大政方针上，刺史居中遥控即可，所以当初世袭刺史诏书中特别强调"余官食邑并如故"。也就是说，大家原有的官位和采邑一概不动，现在在干什么，以后还是照样干什么。

既然如此，长孙无忌们激动个什么劲呢？这就要看李世民赐予他的州刺史到底是一个什么样的"美差"，而他又将会在接下来承担什么样的任务了。

前面说过，分封出去的州刺史在地理位置上，可是大有讲究的。首先，基本上都得是靠得住的铁杆嫡系或皇室宗亲，其次，封地主要集中在山南和河南道这些咽喉要地上。当然，从这些世袭刺史的内部来分析的话，还是大有区别的。其中最为主要的，就是宗室诸王和功臣的区别。

在州刺史中，属于宗室的，只有李孝恭和李道宗这二位。不过在他们之前，李世民已经分封了一大批王爷前往各地担任都督职务。加上这一次分封的州刺史，格局实际上已经很明显了。宗室诸王所得到的封地，基本上都

是富庶肥沃的名城重镇。而功臣们的封地呢，单纯从财富上来看，那是比不上宗室诸王的。不过，可不要急着怪李世民偏心。这些功臣们所镇守的，是向来被称为兵家必争之地的险关要塞。依靠这些险关要塞，功臣们可以牢牢地将怀有野心的诸侯王堵在自己的一亩三分地里无法动弹。而反过来，若是某些功臣有心作乱，他也会因为得不到名城重镇的财源支持而寸步难行。这种犬牙交错、互相制衡的局面，实际上是李世民将朝堂上的制衡术一以贯之地推行到了地方之上。说起来，这也是当初李世民不顾历史上分封制曾惹出的诸多麻烦，一意孤行要推行世袭刺史的底气之所在。

再来看长孙无忌。他的封地在哪里呢？在河北。他的邻居都有谁呢？有两位亲王，一位郡王。而其中的这位郡王，还位列于功臣之中。

这两位亲王中，与李世民关系最为亲近的，便是相州都督，魏王李泰。当然，因为李世民对他的宠爱，所以他还一直留居京都，迟迟未能就国。而另一位亲王，便是幽州都督，燕王李灵夔。这位燕王是李世民的弟弟。李世民的异母兄弟何其之多，为何独独对他青睐有加呢？只因为李灵夔的母亲宇文昭仪正好是李世民心腹近臣宇文士及的亲妹妹。凭借这一层关系，李世民当然会把他作为棋盘上的一枚重要棋子来考量。而幽州和相州，正是河北地区分据南北的重镇。幽州主要以防备控御塞外的威胁为主。而相州，即春秋时古赵国的都城邯郸，隋末天下大乱时，又是窦建德的根据地，四通八达，称得上是河北地区的重心所在。

而另一位郡王，便是大名鼎鼎的河间郡王李孝恭。在武德年间，他是宗室里除李世民之外，唯一能独当一面的大统帅，萧铣和辅公祐都被收拾在他手里。他开辟了李世民大唐近半的疆土，其功劳，可以说仅仅在李世民之下。不过，因为他在李世民兄弟夺嫡之争中表现出来的可疑态度，所以在玄武门之变后他基本上是被闲置了起来，只享受高位，而不承担重任。这一次大行分封，看在过去功绩的份上，李世民给了他观州刺史的头衔，算是这张功臣谱中的一个点缀吧。不过,就算是点缀,对李孝恭这只"死老虎"也还是不能掉以轻心。他所封到的观州,不管是从富庶程度上来看,还是从军事意义上来看,都要比其他亲王差上了一截。

说了这么多,长孙无忌到底在河北是做什么的呢?

他是作为河北这盘棋上的"棋眼"存在的!

后　盾

　　要明白长孙无忌这个"棋眼"到底是干什么用的,就还得仔细琢磨一番。

　　长孙无忌,受封赵国公,兼任赵州刺史。这个赵州,本来曾从属于相州,也就是今天的河北石家庄赵县。山东许多受到李世民疑忌的高门豪族,正是出身于这一地区。不过,相对于平坦富庶的相州来说,赵州地处背面,控山带河,直接监控着河北南北之地,同时又为河南之形援,地位不可谓不重要,真是牵一发而动全身。

　　为了让长孙无忌这个赵州刺史能够做得名正言顺,李世民甚至不惜连李孝恭的头衔名号都"抢"了来给他。要知道,李孝恭最早的封号,压根就不是什么可有可无的"河间郡王",而是"赵郡王"。不要小看了"赵"这个国号,他对于李世民李家的意义,可谓不同寻常。李世民的曾祖父李虎最早就是被封为赵郡公,后来才改封陇西郡公,最后追封为唐国公的。而李世民本人,也曾在义宁年间被李渊封做"赵国公",虽然时间短暂,也颇有纪念意义。至于当年李孝恭曾受封为赵郡王,那是因为他的父亲李安在前朝拥戴隋文帝有功也被封为赵郡公。由此可见,这个封爵的名号,可不是随随便便乱给的,特别是李世民的祖辈和李世民都与这个"赵"有过千丝万缕的渊源,因此按照惯例来说,是十分忌讳随便赐予臣下的。

　　而长孙无忌呢,他最早曾被封为上党县公,这当然跟他的高祖父长孙稚当年的"上党郡王"爵号脱离不了关系,后来,其又因为自己父亲封号的关系,改封为齐国公。而这一次,李世民希望长孙无忌能在赵州扎下根来,不但能控御住河北河南的宗室势力,也能镇得住赵州当地的门阀士族,干脆不必忌讳地将"赵"这个国号从李孝恭那里强讨了过来,转赠与他享用。而李孝恭呢,就只好委屈地改做了河间郡王。由此可见,李世民对长孙无忌真可以说是好得让许多人眼红嫉妒。

可是,长孙无忌似乎并不愿意领这个情。李世民此前也没有发现,长孙无忌才是一干反对者身后最有力的后盾。直到长孙无忌通过长乐公主向李世民请愿之时,李世民才猛然发现。

为什么长孙无忌不愿意领这个天大的人情呢? 一开始在李世民看来,多半是出于这样的几个理由:第一,诸侯割据所造成的危害在许多儒生文人眼中要远远大于这种制度所带来的益处。在饱受隋末战火侵袭,四方反王攻伐不休的背景下,"大一统"的理念就更是深入人心——像于志宁和马周等人,基本上就是站在这一立场上对世袭刺史制度进行抵制的。

第二,像房玄龄等这样长期操持中央实际政务的,看待问题的眼光必然更深一层,也会现实得多。作为中枢机构的实际负责人,自然希望朝廷政令能做到最大程度的畅通无阻,如身之使臂,臂之使指,无有不服从的。假如地方上一下子出现这么多的封建诸侯,多多少少,总会使得中央的影响力和威信在地方上打折扣。而长孙无忌这么多年来虽然并不负责什么实际的政务,却主持着大唐律令的制定工作。他心中无时无刻不想着如何以法律来规治天下,号令万民,自然更不可能忍受政出多门,法外有法的现象。

所以,像房玄龄这样从来不敢违拗李世民意志的人,竟然也会站在自己的立场上带头提出反对意见。这在某种程度上,使李世民并没有把过多的注意力放在长孙无忌的身上,毕竟他们两人有共同的立场。

其实,人心远没有这么简单。长孙无忌的心思比起房玄龄来,要深沉得多。他考虑的,不光是江山社稷的稳固,中央与地方的对立,也有自身未来的前途大计。

他压根就不想离开京城,不想离开这个天下权力的中枢之地。长孙无忌坚信,自己的身手尚未展示出万分之一。在未来的朝堂之上,他必将大放

异彩,成为万众瞩目的新焦点。而且,长孙无忌恐怕已经凭借自己敏锐的政治直觉预感到,在接下来的皇储继承人问题上,必然不会如最早预定的那样按部就班,一帆风顺。在这样的关键时候,自己更不能够离开。

且慢,李世民不是早已周到地作出了这样的规定:受封诸臣凡在中央担任要职的,可遥领刺史职务,名望和实利都两不耽误吗?长孙无忌还担心什么呢?

这,就是他的老道之处。这块封地赐给了他,不是让他去享福养老的,而是要让他前去那里肩负起实际责任的。现在可以不用出京就藩,以后呢?以后能够保证依旧能如此吗?李世民既然已经作出了这样的安排,就必然会在接下来的人事考量中筹划寻找能够取代长孙无忌的新人选。只要条件一成熟,长孙无忌就不得不卷起包袱,离开这个他寄予厚望的大舞台了。换句话说,即便李世民还没有想到这里,只要世袭刺史制度还存在,只要自己的封地还存在,就保不准有一天会被外放出京。从这个意义上讲,长孙无忌托自己儿媳所恳求李世民不要变相流放他的那句话,倒也可以看做是他真情实意的部分流露。

那么,对长孙无忌来说,到底要怎么做才好呢?上之上策,无疑就是釜底抽薪,彻底废掉世袭刺史制度,从根本上断绝这种事情发生的可能性。

所以,这才有了这一系列事件的发生。

那么,这样的人,不正是李世民应该小心防范驾驭的对象么?按照李世民的一贯用人之道,必然会采取某种措施,将他的野心和负面影响限制在某个能够控制得住的范围之内,这才有利于政局的平稳发展。

可是,从种种迹象来看,李世民对长孙无忌,实在是太好了,好得甚至超出了一般君王与臣下的关系。这正是让许多人都感到不理解的地方。

其实,也没有什么不好理解的。要记得,早在贞观初期,李世民就曾明白地暗示,长孙无忌对于李世民来说,有可能会是未来的托孤重臣。也许长孙无忌从某个角度上讲，也是这样自我定位的。

而他其后的仕宦之路，也正暗合了李世民对他的如此定位。

在整个贞观年间，若是把贞观初年长孙无忌曾担任过的尚书仆射和在李世民征辽时期临时代理过门下侍中时期除开的话，他的官位虽高，却从来未曾担任过三省的长官或"参知政事"、"中书门下平章事"、"同中书门下三品"这样的编外宰相。然而，在许多朝臣的心中，长孙无忌不是宰相，胜似宰相。可以说，他就是大唐政坛上的一位"隐身宰相"。

他之所以有这样大的影响力，是因为他可以用极其特殊的身份，在李世民的耳边出谋划策，属于那种一言兴邦的要角。而李世民之所以能够给予他如此巨大的信任，很大程度上也正是因为他的超脱身份——看上去，长孙无忌与朝中任何一个利益集团都没有太深的关系，他也不会染指政治运行过程中的任何一处实利。也就是说，小事情，长孙无忌是管不到，也不屑于管的。他一出手，就必然关系着大争端、大格局、大谋略。这样的人想的事、说的话才可能公正客观，无所偏倚，才能为李世民所采纳取信。

为什么这么多文武百官、老臣旧部，李世民偏偏就挑中了长孙无忌来担当这样一个角色，偏偏对他寄予莫大的信任？那只能说，在帝王权谋心术之外，还是有着无法拂去的人之常情。作为李世民发妻的兄长，作为李世民少年时代的玩伴，长孙无忌与李世民的感情和关系，远远不是用冷冰冰的帝王术可以揣度衡量的。一直到贞观末期，长孙无忌越来越多地表现出他在政治上的雄心时，李世民还尽量地优容他，关照他，保护他，乃至于对太子留下了那句著名的嘱托之言，当然这是后话了。

一个人若是在这样的超脱高位待久了，难免会逐渐认不清自己，会过于高估自己的能力，同时技痒难耐，恨不得立刻介入政治的实际运作中一显身手。可以说，长孙无忌就是抱着这样的一颗"入世之心"，一头扎进此后数十年的官场纷争中去。而最后所收获的结果，恐怕也是他意料之外的。

当然,这些都是很久以后的事了,如今李世民也只有苦笑着接受长孙无忌一干人等给他出的这道政治难题。要知道,他们能够搞出这么一份类似于"共同声明"的东西来,算是很了不得的事了。

何故？要知道这十四位世袭刺史里面,只有四位文臣,除开已经去世的杜如晦,高士廉因和长孙无忌有特殊关系,一定也是持支持态度的。而其他十位,都是战功赫赫的将军。对于文臣来说,维系中央政府和国家的大一统格局,似乎已经是融入他们骨子里的铁律;而对武将来说,可就不见得是这么一回事了。

当初搏命打江山,要的就是功名富贵。而最好的酬赏,莫过于子子孙孙万代承袭。更不要说这些武将们在天下太平之后,大多只能在军营里面叱咤风云,指挥如意,而军营外的行政事务,都轮不到他们来指手画脚,这是何等的美中不足。如今有机会也来过一把"百里侯"的瘾,威福自专,又何乐而不为呢？

因此,在诏令下达的两年之后,长孙无忌等人才以如此激烈的态度提出反对。这更是说明,在这两年之中,他一定忙着做通许多主要武将的工作,统一大家的意见认识。而只要在利益相关人之间形成了相对多数的格局,纵使有少数不满的声音,那也是无力回天了。

这件事到这里,也不得不暂时告一段落。只是,在整个过程中运筹帷幄的长孙无忌所收获的,并不全都是正面的——他此举得罪了不少军方的有力将领。其说一不二的独断作风也让许多人都为之侧目,以至于在后面的政治斗争中,这些暗藏的不满在恰当的时机最终爆发。

然而,当时的长孙无忌顾及不了这么多。其实,还有许多人和他一样,他们马上就要跳进一个前所未有的巨大漩涡。

第六章

死　穴

倾斜的天平

从贞观十二年（638年）开始，一直到贞观十七年（643年），大唐的朝堂上可以说只有一个重大的主题，那就是太子人选之争。

人算不如天算。本来李世民自认为已经吸取了玄武门之变的经验教训，从一开始便把太子人选清清楚楚地确定下来。然而让李世民始料未及的是，李承乾竟然并未如他所愿而是朝着一条错误的道路渐行渐远。李世民在失望之余不经意流露出的种种情绪和暗示，无疑在许多人的野心之火上浇了一瓢热油，使得他之前的整个布局变得面目全非。

李承乾和李泰的对局，就此拉开了序幕。当朝堂上最迟钝的人也感受到山雨欲来风满楼之势的时候，许多大臣早已按照自己的立场选好了应当站的队。

态度鲜明支持李承乾的，主要有魏徵、褚遂良、马周、岑文本等人。他们还多次上书批评李世民过于宽纵李泰，造成了不好的政治影响。总的来说，这一批臣子用"立嫡以长"的立法制度作为护符，名正言顺，堂堂皇皇，在朝堂上始终走在明处。他们中的许多人，也确实是抱着一颗公心，担心大唐社

稷因为李世民的偏心而被动摇,再次上演一出手足相残、血溅玄武门的惨剧。一旦此剧开演,不知道会牵连多少人陷身其中。因此,一动还是不如一静的好。

李泰身边的铁杆支持者,主要就是曾在魏王府供职的韦挺和杜楚客等人,后来他们又招纳了一批名位相对不那么显要的官员围聚到李泰旗下。这些人在朝堂上影响力有限,碍于礼法和名分,也不能大张旗鼓地公开活动,只能采取隐蔽迂回的手法。

此外,许多宗室功臣子弟也被卷了进去,其中不乏一些名门之后。比如李世民姐姐长广公主之子,李世民的亲外甥赵节,还有杜如晦之子杜荷,就站在李承乾的一边;而房玄龄之子房遗爱,柴绍之子柴令武则是李泰的支持者。这些年轻人向来锦衣玉食,未曾经历世事忧患,心高气傲得很,因此行事也格外无所忌惮,造成的破坏性自然也相当的大。

不过,在李世民争夺储君之位时,东宫和秦王府都是以宫府幕僚为核心形成的对立集团。而这一次,东宫和魏王府之间却有着很大的区别。两府的幕僚人员虽然都各为其主,却不是所有人都能与闻这两位皇子的夺位密谋。还有许多文士学者,他们可以作为李承乾和李泰竞相结交笼络的对象,然而其目的主要是为了提升自己的身价,装点门面。至于像李世民当年那样将这些学者组织起来,形成有力的智囊团,则是李承乾和李泰都没有办到的事情。

另一个与当年的不同之处是,在此时的东宫和魏王府之争中,并没有出现辅政大臣们各执一端站队下注的情况。尤其是当时资历最深、分量最重的房玄龄和长孙无忌两人,一开始都表现出明显的超脱姿态。房玄龄的心思自不用说,他是当年激烈斗争的全程参与者,如今时过境迁,早就没了当初玩命的劲头。至于长孙无忌,虽然李承乾和李泰都是他的亲外甥,但他和李泰的感情并不好,当然这并不代表他就会旗帜鲜明地站在李承乾一边。

要知道,朝堂上为李承乾说话的大臣已经够多了,而李承乾的表现却又不尽如人意。在这个时候,长孙无忌自然没有必要轻易表明自己的态度,以免失去主动权。最后,也是最值得庆幸的一点是,除了个别人之外,军队将领并没有卷入这场争端中,这就避免了事态的进一步扩大化和复杂化。

在这段时间里,李世民心中的天平上似乎也正在发生着越来越明显的变化。也许,一开始确实是李世民在对李承乾的教育方式上有所疏漏而造成如今的恶果。不过一路走到现在,补救的可能性似乎已经越来越小,在李承乾心中,他与李世民的距离也越来越遥远。表面上,他仍然对李世民、对派去做他师傅的大臣们礼敬有加;而背地里,却是我行我素,益发地胡作非为。早先那些成日在外嬉游无度、化妆为突厥武士互相攻伐的把戏已经不值一提了。如今的李承乾竟然荒唐到暗中袭击自己的老师——东宫左庶子张玄素,张玄素是李世民特意为李承乾挑选的良师,他在任之时,曾多次劝谏李承乾,没想到竟因为前后进谏次数太多,招来了李承乾的反感。李承乾专门派出刺客暗杀张玄素,这位忠臣几乎为之送命。连自己的老师和支持者都能痛下杀手,待得他即位之后,岂不连隋炀帝也比不上吗?隋炀帝至少还知道开边耀武,而李承乾都干了些什么?他竟然于一次酒酣耳热之后,当众立起,对侍从高呼道:"我有朝一日做了天子,一定要率数万骑在金城之西狩猎,然后解散头发,做一个真正的突厥人去投靠阿史那思摩。假如他能给我一个将军当,我一定会比其他人干得都出色!"

当这番胡话传到李世民耳中时,李世民只能连声怒骂:"不可理喻,不可理喻!"

大唐的天下,李世民怎么能够放心地交到这样一个儿子手中?他心中的那一腔愤懑怨望之情,早已溢于言表。假使李世民给他一个机会一遂心愿,不知道将有多少人要为之血流遍野。正像李承乾在另一次东宫宴席上的狂言:"我做了天子,应当顺着自己的心愿为所欲为。谁要是敢来劝我,我

就杀了他，杀他五百个人，看谁还有胆量来啰唆！"

这边愁坏了李世民，可那边却乐坏了李泰。李世民恩准李泰开设文学馆自行招引学士，在李泰看来则是一个十分明确的信号。要知道当初李世民一手创设的秦王府文学馆在夺嫡中可是发挥着智囊团的功效——如今父皇给予自己同样的权力，这岂不是意味着他已经把自己看做当年的秦王，默示自己有问鼎大位的权力了吗？

不过，若以为从小就喜欢吟诗作赋的李泰真的认为只要靠文学上的表现和才华就能轻松击败李承乾，那倒也把他想得太不谙世事了。对李泰来说，文学上的表现再突出，也不能换算成货真价实的政治得分。要知道，李承乾虽然表现得越来越不尽如人意，但其在文化学术上的举措，可不是李泰能够轻轻松松比下去的。整个贞观年间，成就最为卓越的两位大儒便是孔颖达和颜师古，这两位学术大家可不得了。从出身上讲，他们分别来自于圣人孔子和先师颜回的家族；从政治地位上讲，来自原秦王府的十八学士阵营，其举手投足，都可以作为天下文士的典范。那么，李承乾跟这两位大师又有何渊源呢？从僚属关系来说，孔颖达正是李承乾的太子左庶子，有太子师傅的身份。而颜师古则担任秘书监少监一职，李承乾在监国期间常常与之发生日常事务上的往来。李世民最初处心积虑地要这些大儒来辅佐教导李承乾，而李承乾也非常善于做一些尊师重道的表面文章，所以说，在与文士学者的关系上面，李承乾相较于李泰，恐怕没有劣势，只有优势。

另外，在具体的成就上，李承乾也领先一步。贞观十一年（637年），李承乾命颜师古注释了《汉书》，其成为后世最为通行的注释本。完成此一工作后，李承乾自己也十分得意，带头上表请求李世民将其收藏到秘阁，也就是国家图书馆之中，以为纪念。

同时，李承乾还让孔颖达担任了《孝经》的注释工作。可不要小看这些笔头上的工作，这部《孝经》乃是儒家伦理的重要基石之一，是治国理政的道德外衣。是不是盛世,百姓们看的是能不能吃饱穿暖,生计无忧;而儒生士大夫们却不会满足于此,他们看重的是,当今的君王能不能效法古圣先贤之道,以仁孝礼义治国。李世民即位以来,多次在公开场合表达对儒家学说的重视,其原因就在于此。而李承乾指派孔颖达所做的注释工作,无疑与李世民的一贯思路紧密吻合,因此,李世民特地在贞观十四年(640 年)亲自前往国子监参加了在儒生们眼中极为重要的释奠祭祀仪式。在仪式上,李世民专门安排了孔颖达讲解他新注释的《孝经》,可谓极其的风光隆重。另外,李世民还下旨由孔颖达和颜师古二人领衔,编撰了《五经正义》一书,这也算是史上大书特书的文章盛事。当然,这笔功劳,还是要给李承乾记上。毕竟,这也算是在他的直接领导下完成的工作。

正是因为李承乾在公开的政治场合中的表现还算可圈可点,与他关起东宫大门来做的那些糊涂事相比,简直判若两人。所以许多朝廷重臣在太子人选问题上,始终坚持拥护李承乾的立场。

这一切,李泰自然都看在眼里。即便是在政治斗争中从来没有任何实际经验的他,也敏锐地感觉到,仅仅靠自己在文学上的一点小名气和父亲的宠爱,还不足以撼动兄长李承乾的太子之位。再天真自大的人,也不会相信仅仅靠自己几篇诗赋文章便可以登上一国之君的大位吧。那么,这局棋又该如何下下去呢?

李泰知道,夺嫡不是儿戏,夺嫡是一场斗智斗勇的较量,接下来的策略选择自然十分重要,这可直接体现他的格局和见识。那么,接下来,李泰应该如何布局呢?

李泰夺嫡

经过深思熟虑之后,李泰最终决定采取如下夺嫡布局策略。

首先,以黄门侍郎韦挺和工部尚书杜楚客为自己的心腹,专门操作一些见不得光的密谋活动。他们主要负责为不方便出头露面的李泰结交朝廷大臣,贿赂一些关键部门的职官,以求壮大自己的势力。

说起来,这个韦挺可不简单。武德年间,他曾担任过李建成的左卫率,后来又牵连进杨文干谋反案中,与王珪等人一起顶了黑锅,被流放外地。李世民即位之后,为了以示宽大,又重新启用了他。不过就仕途来讲,韦挺走得并不如他昔日的同僚魏徵、王珪等人那般顺利。他历任尚书右丞、吏部侍郎、黄门侍郎等职务,也曾偶尔与魏徵等人参议过国家政务,但总是在权力核心地带外徘徊不进。长久的不得志,使韦挺下定决心要抓住这难得的良机赌上一把,如若成功,他岂不是就成了从龙之臣,前途无可限量吗?

而对于李泰来说,韦挺是不可多得的干臣。要知道,他是武德年间夺嫡之争的全程参与者。在这方面的手段谋略,称得上是经验丰富。由韦挺来参谋指挥这整场夺嫡斗争,实在是再合适不过了。

就这样,在韦挺、杜楚客等人的协助下,李泰将着力的重心放在了中央三品以下的中下层官员身上。这些人或为三省的主官助手,或者是某个下属部门的实际事务负责人,或为御史、谏官等言官。甚至在李承乾的东宫之中,李泰也暗中收买安插了一些耳目党羽,负责源源不断地将李承乾的荒唐行为报送出来,掌握在手中以便日后作为证据。这样,李泰逐渐织起了一张遍布朝堂的大网。

然而,这张网看上去似乎还不够有力。当朝一言九鼎的宰辅和重量级的政治人物,中立的照旧中立,偏向李承乾的照旧偏向李承乾,没有一个人买魏王的账。而李泰自始至终，好像也压根没想认真去做这些重臣的工作，要把他们拉到自己的阵营里来。

这是怎么回事呢？难道李泰就不懂得他们的重要性吗？难道他真的一厢情愿地相信，仅仅依靠一群中下层官员就可以与太子一较高低了吗？

其实，李泰作出这样的选择，有他不得已的现实考虑。

在招纳党羽的方向性上，李泰没有把这些元老重臣拉到自己旗下，非不愿也，实不能也。别忘了，早两年在朝堂上闹得沸沸扬扬的"三品以上官员当礼敬亲王"事件和"三品以上官员路遇亲王须下马致敬"事件，都是李泰挑起来的。重臣们早就对他这种轻率无礼的举动十分不满，自然也在内心深处与他拉开了距离。如今李泰想要临时抱佛脚，自然是难度颇大。再说，李世民当年能得到部分元老宰辅的支持，那是有着极为深厚的历史原因的。而如今，这种可能性已经不复存在——按礼制规定，宗室诸王私自结交外臣本来就是十分忌讳的行为，而这些重臣目标又实在是太大。背地里搞的贿买行为再隐蔽，总是会有被人举报告发的可能。要知道，在这些重臣的宅邸内外，不知道有多少双眼睛出于各种目的盯着他们呢。他们平素生活里稍有不慎，就有可能被政敌抓在手中成为攻击的利器。在这样的情况下，即便是李泰敢送，这些重臣也不敢收。

在这一点上，李泰还有着自以为得计的考量。要知道，介入夺嫡之争，轻者流放免官，断送自己的政治生命；重者，可是要断送项上人头的。李泰派韦挺、杜楚客等送出的区区一点金银珠宝就能打动人心吗？这显然是不可能的。

所以说，要想把这些人拉到自己旗下，就必须向他们许诺更为贵重的酬赏。这酬赏是什么？自然是更高的官位，更大的权力。只有权力，才能激励他们奋不顾身地去为之冒险犯难，一往无前。

然而,不是所有的人都会对李泰的许诺动心。想象一下,假设前方的悬崖之上生长着一棵细弱不堪的果树,果树上结着一棵甘美多汁的果实,谁会愿意冒着危险前去采摘呢?是刚刚饱餐一顿的富翁,还是饥渴难耐的穷汉呢?

当然是后者。

对三品以上的重臣来说,他们饱经忧患,如今已经身居高位,虽然不排除再上一层楼的想法,只不过,若是真跟着李泰,又能得到什么?

若成功,不过是百尺竿头更进一步而已。若失败,那可就是苦心经营数十年换来的功名富贵付诸东流。

在存在风险的酬劳面前,人们往往更愿意采取保守的姿态,这是人之常情,这也注定了李泰若是想从这些人身上打开突破口是一件很不容易的事情。因此,对李泰来说,最有效率的莫过于直接从中层官员身上打开缺口。要知道,他们中的许多人虽然名位不显,却往往置身于极其关键的位置。很多时候,改变命运的,恰恰是细节。

关于这一点,恐怕李泰是受到了韦挺的指点。作为玄武门之变的直接当事人之一,这么多年来,韦挺也许不断地在心中总结着当年的成败之因。而李世民的策略和招数在他脑海中一定留下了深刻的印象——撬动关键部门的关键人士,往往能一举奠定乾坤。常何等人在整场事变中发挥出来的影响,就是这方面的最好例证。而若是一厢情愿地把注意力聚集在大目标上,往往会吃力不讨好。李建成收买尉迟敬德的拙劣表现不正是最佳的明证吗?如今,韦挺正是要效法李世民当年所使用过的招数,抓住关键人物。

不过,韦挺纵然有心想做李世民的学生,却漏掉了最重要的一点,那就是,李世民在武德年间的所有安排,是一个极为庞大的系统工作。从中央到地方,从文官到武将,从宫内到宫外,从重量级人物到关键岗位上的小人物,可谓巨细靡遗。另外,韦挺和李泰永远也无法效仿的,是李世民在生死存亡之际舍身一击的魄力和勇气。这些东西,不是一个自幼生长于深宫之中的小皇子可以学得来的,也不是一个二流小政客可以领会掌握的——若他真有这份能耐,早就跻身于大唐朝廷的重臣之列了。

因此,李泰的这些活动基本上可以用一句话来形容——画虎不成反类犬。所收到的效果,就是在朝堂上下增添了不少的流言蜚语和政治暗涌而已。

李泰所做的事情是需要投入的。首先一点,贿买朝中大臣和各方势力的钱财从哪里来?安排人手进行暗中政治运作的活动经费不是一笔小数目,这笔开销又应该从哪里来呢?李世民和李建成夺位的那个时候,国家的行政机器还处于百废待兴的混乱局面之中,地方上的许多财源都分别控制在东宫和秦王府的支持者手中,通过以前的历次征战攻伐,他们也积累了大量的财富,这才能够有恃无恐地拿出大笔金钱来从事政治活动。而如今,太子和诸王每月的开销都有一定的数目规定,当然无法做到随心所欲地支配。尽管李世民在诸王之中特别偏爱李泰,每月供他花销的开支比起其他皇子,甚至比李承乾都要多出不少,然而也很难支持李泰的暗中活动。那么,李泰该如何解决这个十分棘手的财务问题呢?

对此,李泰倒是思索出了一个一举两得的主意。从贞观十二年(638年)开始,李泰向李世民提出了一个十分大胆的要求,他希望能够由自己全面负责,主持编写一本前所未有的地理著作——《括地志》,将大唐疆域内的所有政区、山川、物产、古迹、风土、掌故一举囊括于其中。

修史著书,向来是李世民大力提倡的好事情。这部书一旦编成,自然也可以为贞观年间的盛世锦上添花。在当时李世民看来,儿子有这个心思,实属难能可贵。那么,就让他放手去干吧。

就这样,李泰卷起袖子,大张旗鼓地干将起来。他以招纳人才著书立说为掩护,吸引了大量有志攀龙附凤的投机之徒。一时间声势浩大,热闹非

凡,从风头上隐隐有跟李承乾分庭抗礼之势,同时也以编书为掩护解决了财务上的问题。由于李泰把心思基本都用到了造声势和搞阴谋上,所以这部书一直拖到了贞观十六年(642年)才匆匆忙忙地赶了出来,也算是向李世民交了差。

李世民当然又大大表扬了李泰一番,并且同样将其收藏到了皇家图书馆之中。在李泰看来,这正说明他在文治方面已经压过了李承乾所取得的成就。当然,此次布局也给他带来了不少负面的影响。比如因为编书要开销大量的金钱,其费用甚至超过了太子,惹来物议不断,当时任谏议大夫的褚遂良就曾上奏反对。最后李世民表示对李承乾和李泰日后的费用一视同仁,上不封顶。然而李泰和褚遂良因此结下了心结,这也成为日后褚遂良态度极为坚决地反对李泰继位的重要原因之一。

当时谁会想到,一个看似不起眼的谏议大夫竟然会成为李泰前进道路上最积极的反对者呢?

野 心

那个时候,褚遂良还只是一个不起眼的谏官而已,李泰压根就没有将这个人放在眼里。李泰满心盘算的是,根据自己这一次的优异表现,李世民应该开始认真考虑由自己来接替李承乾的位子了吧。

不过,结果让李泰相当失望。他依然只是一个原本该离开京城,远赴外地上任的亲王而已。除了在被李承乾给惹怒了的时候,偶尔说上几句要重新考虑接班人问题的气话之外,李世民并没有给李泰更进一步的政治权力,也没有作出什么实质性的表示。李泰开始犯愁了。

其实,尽管李世民一直都对李承乾十分不满,但还没有完全失去对他的希望。要知道,他可是李世民花费了十几年心血培养起来的接班人,更是李世民与长孙皇后的嫡长子。尽管他时不时地和李世民闹点别扭,做些荒唐事,但李世民总是将其视为一个还没长大的孩子在以自己的方式向父亲抱怨撒娇而已。要真的说下决心废黜,一来他狠不下心,二来也因为完全没有做好相应的准备。匆匆忙忙之间,你叫李世民上哪去寻找一个可以取代承乾的太子呢?

因此,直到贞观十六年(642年)的时候,李世民仍然没有彻底放弃对李承乾的希望。还为此专门召集大臣辟谣表态说:"现在,外面谣言纷纷,都说太子承乾患上了足疾,行走不便。而魏王李泰人聪明,天资颖悟,又经常跟朕四处巡幸游历,所以就妄加揣测说朕有改立太子的意思。朕现在郑重地告诉你们,太子虽然患有足疾,但是并不影响日常行动。并且《礼记》对此早就有了规定,若嫡长子有什么意外,那也应该立嫡长孙。要知道,承乾的儿子已经有五岁了。朕肯定不会以其他的皇子来取代承乾的位置。若真的这样做了,岂不是表明太子之位没有固定的法统可相承袭,而开启后世的侥幸

钻营之心吗?"

李世民之所以作出这样的表态,不仅仅是囿于礼法的束缚,同时也是确实考虑到未来大唐社稷代代相传时政治稳定性的问题。要知道,玄武门之变从来就是李世民心中的阴影。尽管这十几年来李世民励精图治,克己纳谏,开创了大唐蒸蒸日上的新局面,总算可以向天下人证明由自己来执掌江山社稷才是最合适的选择。然而他没有想到,自己会在今天站在了当年李渊的位置。面对两个儿子的夺嫡之争,难道还能以犹疑不决的态度来逃避问题吗? 李渊那个时候可就是犯了左右摇摆,当断不断的错误,才间接造成了之后的一系列悲剧。倘若今天的李世民还不吸取教训,那就要贻笑天下人了。

正因为如此,李世民才会越来越在意,当年那一场兄弟之争到底会在历史上留下什么样的痕迹。这痕迹,后世名之曰"青史"。它历来是臣下们约束帝王言行的最后一道闸口:你可以为所欲为,你可以予祸予福,但是你的这些言行终将被史官记录下来,流传到后世,为天下人所批评指责。正因为如此,即便是再我行我素、独断专行的帝王,都会对此留有一丝惧意。

然而,李世民必须要破除一切阻力,打破这道禁区的束缚。因为,这不仅关系到李世民的身后令名,更关系到李世民的子孙后代如何看待和效法每一次的帝统传递问题。如果他们都以李世民当年的行为为榜样和借口,那不是要天下大乱了么? 这样一来,李世民岂不成了李唐天下的千古罪人?

贞观十六年(642 年)四月二十七日,李世民终于忍不住向兼管起居注记录工作的谏议大夫褚遂良询问道:"起居注工作是你在负责,你可以给朕看看都写了些什么吗?"

李世民本以为在官场中人微言轻的褚遂良一定不敢违抗自己的命令,没想到褚遂良竟然把李世民硬生生地顶了回去,一口回绝:"君主的一言一行,是善是恶,史官都要秉笔直书。这是天职,历朝历代的君王都不能够过问史官的工作，查看自己的起居注。"

李世民颇感没趣，只能绕着弯子问道："那假如朕有什么不妥当的行为，你也会记下来？"

"臣职责所在，不敢不记！"

一旁侍立的刘洎也来了精神："即便是褚遂良不记，难道天下人就不记吗？"

一个个都跟刺猬似的，搞得李世民无法开口。看来，从褚遂良这些涉入官场不久的臣子身上打开突破口是打错了算盘。他们要么是摸不准李世民的脉搏，要么就是想借此来表现一下自己的刚直不阿，再不然，就是实在不敢承受由此可能带来的巨大压力——要知道，一旦打开了这道口子，作为直接相关人的他们必将承担后世的批评责罚。这个责任，可不是随便什么人都担得起的。

于是，李世民只好改变策略。首先，在这一年（642 年）的六月下诏，恢复已经被贬称为隐王的李建成太子称号，追封被贬为海陵刺王的李元吉为巢王。算是为他们恢复了部分名誉，表现出一派和解的气氛。此后，李世民又将改史的突破口放在了另一个人的身上，他就是房玄龄。

这个时候，房玄龄以宰相的身份兼管国史编修工作。作为当年事变的直接参与者，他无疑更能理解李世民的一片苦心。李世民将房玄龄找来，暗示他道："为何历代史官所记录的史事都不能让当朝君主过目？"

"史官下笔无隐，若有什么罪过错失，也要一并记录，若是被君主看见，君主必然会因此动怒，所以不能让君主过目。"

李世民进一步提醒他道："道理朕是知道的，可是，你也别把朕想得跟其他君王一样。朕之所以想要看一看当今国史，也是希望知道以前朕都有过一些什么过失，这样也是为了提醒自己今后不要再犯同样的错误。前事不忘，后事之师嘛。这样吧，等你编撰好国史之后，就呈上来给朕看一看。"

此言一出,马上激起一片反对声浪。谏议大夫朱子奢更是上书反对:
"陛下圣明无比,本来也没有什么过失。史官所记下的,当然不可能有什么
不好的事情。所以陛下即便是看了《起居注》,想来也不会干扰到史官秉笔
直书。然而让微臣担心的是,陛下的后世子孙却极有可能效法这一举动,他
们难免赶不上陛下的圣明。若是他们利用手中的权力强迫史官们更改历史
的话,大家碍于身家性命之忧,又有几个人能抗颜犯上呢?长此以往,史书
中所记录下来的事情,又有几件是值得后世相信的呢?"

朱子奢的这番话说得颇为艺术。他先是好好地吹捧了李世民一番——
您可是圣明无比的英主,还用得着看《起居注》吗!接着又用此事可能会造
成的不良后果来劝服李世民——小心将来您的子孙效仿您的举动,把好端
端的历史改得面目全非。

其实,他苦口婆心地劝谏了半天,话还是没有说到点子上,李世民担心
的正是子孙后世效法李世民当年的所作所为。李世民希望他们能够明白自
己当年的情非得已和一片苦心——若李世民不这样做,大唐江山就很有可
能落到阴险无德的人手中去。而李世民为国家立下了赫赫功勋,却最终惨
死在嫉妒自己的兄弟手上,这公平吗?这当然不公平,李世民有足够的理由
奋起反击。只是,你们不应该有理由走上当年我们这一代人的无奈道路。
至于历史是否会遭到误解扭曲,对不起,这也许是儒生和史官们担忧的问
题,但绝对不可能,也不应该成为一个帝王担心的问题。

能读懂李世民心事的人不多,敢于支持李世民的人就更少了,而魏徵却
是其中之一。这个经常跟李世民唱反调的家伙,此时却一反常态地为李世
民帮起腔来:"要是史书在修订过程中出现了什么遗漏错误,那才让后世无
法看下去呢。陛下要亲自监督修史的工作,理所应当,没什么可反对的!"

所以为什么李世民要说魏徵这个丑老头儿"妩媚"呢,因为只有他能号
得准帝王的"龙脉"。魏徵不是传统意义上的"直臣"或"忠臣",他有他的原

则和理想,不肯为之退让半分,然而他并不把许多陈规旧俗放在心上,颇有些只重目的,不问手段的意味。因此,往往是他,而不是房玄龄,才有这个魄力在李世民有什么大动作的时候从旁推动一把。

最终,房玄龄拗不过李世民,表示要回去安排一下手下史官整理誊抄相关国史著述,等整理好后,便呈给李世民过目。这一头,李世民算是暂时放下了一桩心事。不过,干预国史编撰的行为似乎并没有给李承乾和李泰带来什么影响。他们一如既往地斗得乐此不疲。为此,李世民也烦心不已,有一天在上朝时,又忍不住询问诸位大臣:"如今朝廷上什么事情最为紧急?"

褚遂良出班奏道:"当今四方安定,海内升平,就只有彻底明确太子和诸王的名分是最迫切的头等大事!"

褚遂良一向是站在支持太子地位的立场之上,故而才会再次强调这一点。而李世民也考虑到大唐的政局再也经不起像武德末年那样的颠簸动荡,李承乾如今表现得并不理想,这也许跟自己早年没有花太多的心思来亲自培养他有关。不过,从他监国后的一系列表现来看,许多日常庶务他还是能够处理得有模有样的。在许多大臣们看来,口碑也还算不错,应该还是有教育好的可能。

不过,眼下他和李世民的隔膜已深。有许多话,李世民甚至不便于当面对他讲。这就需要一个得力的中间人担任辅弼太子、调停李世民父子二人矛盾的工作。而这个人,李世民想来想去,觉得还是非魏徵莫属。首先,魏徵有格局,有手段,往往不拘泥于陈腐旧套办事。那些大儒费尽心思也无法将李承乾引导回正路上来,也许魏徵就能够做到。另外,在目前错综复杂的党派之争中,魏徵虽然持拥戴太子的立场,但他并没有明显的党派倾向,身份相对较为超脱,也不容易引起不必要的猜疑和动荡,对安定政局很有好处。

很快李世民便任命魏徵为太子太师,承担起辅弼太子的重任。这一举

动,无疑是对太子表示了最大程度的肯定。可惜的是,魏徵上任还没过几个月,便重病不起。李世民为之忧虑不已,甚至派人守候在魏徵家中,只要一有情况便立即向李世民奏报。后来,李世民还亲自领着李承乾前去探视,并许诺将自己的女儿衡山公主下嫁给魏徵之子魏叔玉。不过,魏徵最终还是一病不起,就此告别了人世。为了表达对他的哀悼思念之情,李世民特意命京中九品以上官员前去奔丧,赐予陪葬昭陵的荣誉并亲自题写碑文。在魏徵出殡之时,李世民登上宫城,远望其灵车为之痛哭,并声泪俱下地对左右大臣说道:

"人以铜为镜,可以正衣冠,以古为镜,可以见兴替,以人为镜,可以知得失;魏徵没,朕亡一镜矣!"

何止是亡一镜呢?魏徵于李世民的特殊意义,甚至超过了房玄龄等人。魏徵此番亡故,使得李世民身边从此少了一位处事风格大开大合,能够成为王霸之良佐的重要臣子。他的亡故,也使引导太子走上正轨的最后一点希望化为了泡影。

这一边,李泰仍然未放弃夺嫡的努力。在他看来,李世民多次的当众表态都算不得其真实意思的流露,只要能抓住机会,李承乾一定会被赶下太子宝座。而李承乾平日里的许多小毛病仍然通过各种渠道传到李世民的耳朵里,日益加深了李世民对他的反感。

对这一切,李承乾心中也不是一点数都没有。可是让人无法理解的是,他竟然没有表现出一丁点正常人面对这种事情时所应该作出的反应。在这种情况下,不是应该痛改前非以求得李世民的谅解和认同吗?而李承乾偏偏不愿这么做,他认为一切的问题都是李泰造成的。那么,要想巩固自己的地位,唯一的办法就是痛下狠手,除掉这个招人烦的皇位竞争者。

对于李承乾,李世民作出了最后一次尝试。李世民招来太子左庶子杜正伦,屏退左右之后秘密对他说:"承乾要是仅仅因为足疾,朕是不会对他有什么想法的,可是近来听说他越来越疏远贤臣,亲近小人,你有责任纠正他的行为。不过,要是他实在是无可救药了,你有责任前来报告朕!"

杜正伦十分负责,回到东宫之后,时常劝谏李承乾注意自己的行为。可是李承乾依旧跟过去一样,完全将杜正伦的话当做过耳秋风。实在是愁得没办法了,杜正伦干脆将李世民私底下说的话一五一十全部告诉了李承乾:"太子,您要是再不老实,您父皇可就不会再对你客气了。"

也许杜正伦是心理压力实在太大了。要知道,作为东宫的实际负责人,若是太子最后有什么三长两短,那这一批东宫僚属到头来都脱不了干系。更不要提这位看上去有点不着调的太子什么时候昏病发作,搞出冒天下之大不韪的事情来呢?他当初喝酒时说的那番什么继位后要跑到阿史那思摩那里做一个将军的"豪言壮语",如今还言犹在耳呢。逼不得已,杜正伦只好寄希望于用李世民的话来吓唬一下太子,或许这能够让他畏惧悔改。

让杜正伦万万没有想到的是,李承乾与李世民虽然看似疏远,可他这一回没有选择沉默不语,而是直接将杜正伦的话报告给了李世民。或许,李承乾并不是十分相信李世民会说出这样的话,又或许,他是想借此来试探一下父皇的态度。

当李世民听到此事时,内心的震怒可想而知:杜正伦你这个家伙,朕如此重视你,让你去东宫灭火,你反而去放了一把火。你连这点担子都承担不起来,一转身把重担全搁到了朕身上,朕要你还有何用!

很快,杜正伦便被李世民贬为谷州刺史,外放出京。而李承乾见状,心里也开始明白,父皇对自己确实已经是非常不满了。可惜,他选择了一条极为荒唐的道路来试图改变自己的危险处境——李承乾派出心腹伪装成魏王府的部属,到李世民那里密告李泰的"罪过"。这桩密告案查来查去,很快也变成了一桩无头公案。李世民心里是一清二楚,这种手段比起当年李世民

和李建成的斗争来,简直就像小孩子过家家一样幼稚可笑。因此,最后李世民采取了息事宁人的态度,没有穷究此事,但心里对李承乾的观感更为恶劣了。而李承乾自然也有所察觉,此后,他更是放纵自己的行为,动辄称病,一连几个月都不肯上朝朝见,另一边,暗中招纳纥干承基等一百多人作为自己的刺客死士,以图非常之举。就在这个时候,包围着李承乾的一干野心勃勃之辈,对太子的荒唐之举起到了推波助澜的作用。

在这群人中,最为卖力的便是汉王李元昌。他是李世民同父异母的兄弟,平素里以勇猛善射自负。李世民的这个小弟称得上是典型的纨绔子弟,经常做一些不法之事,故而隔三差五地便会被李世民训斥一番。时间久了,李元昌自然对李世民怀恨在心。而他与李承乾的关系,反倒非同寻常的密切。因此,李元昌便开始在李承乾耳边煽风点火,劝他干脆采取非常手段来捍卫自己的太子之位。

"难道你忘记了,你父皇当年是怎么登上大位的!难道你忘记了,他从来都把你看做一个长不大的任性顽童!太子殿下,这么多年,你心中难道不是一直渴望着向你父皇证明你也可以跟他一样吗?再往下拖,魏王李泰迟早有一天会夺走你的一切,就好像你父皇夺走你那个叫李建成的大伯所拥有过的一切那样!"

是的,该动手了!所有的道路都已经走不通,只剩下最后的冒险一搏。成则王,败则寇!

在李承乾的脑袋瓜里,鬼使神差地就只剩下了这一个念头:以武力发动政变夺取皇位。要知道,自己已经做了差不多十六七年的太子,人生苦短,又能有几个十六七年呢?

此后的时间里,李承乾和自认为信得过的一干狐朋狗友们日夜密商起了谋反大计。都有些什么人被拉到这个圈子里了呢?有李渊的外孙、侍中杨师道的继子赵节、杜如晦的儿子、李世民的驸马杜荷等人。要论起这个谋反阵容，都是清一色的不知世事、唯恐天下不乱的纨绔子弟，这些胆大包天的不肖子孙还煞有介事地搞起了歃血为盟的把戏——一起割伤手臂，用布帛擦拭之后再烧成灰，撒入酒中喝掉，以此来表示愿意同生死，共患难，将李承乾拥上帝位。想来现场一定还洋溢着一股浓厚的悲壮气氛。在如此强烈的冲动之下，他们似乎都没有考虑到，接下来的行动，不会如同李承乾平素里最爱玩的两军对垒游戏那般热闹刺激，而是会掉脑袋的事情。

说是不经世事也好，说是初生牛犊不怕虎也罢。李承乾、李元昌在胡作非为一气之后，没有忘记一件十分重要的事情。

那就是军队的支持！

再弱智的野心家也知道，皇宫大内不是百来个死士刺客凭阴谋突袭就可以纵横来去的地方。就算得手，也需要在第一时间控制住内廷外朝的枢纽部门，压制住可能出现的各派反对势力。否则，忙活半天，搞不好是辛辛苦苦为他人作嫁衣。而要确保万无一失，就必须能掌握一支踏实可靠的武力作为后盾。

可是，有哪个将领敢买李承乾的账呢？

李承乾和他的一干同党们慢慢把目光聚集到了一个人的身上。

他就是侯君集，大唐军队力量的明日之星，李世民所重点栽培的后起之秀。

可是，他愿意吗？

李元昌这样安慰惴惴不安的李承乾："别人我不敢说，只是这个侯君集，我敢担保，他与我们绝对是一拍即合。"

在侯君集的心里，他和李承乾是一根藤上拴着的两根苦瓜。早在前几年，这位曾经睥睨自豪、风光无限的将军就已经开始尝到了苦涩的滋味。只是，这一切都是他自己一手造成的。

谋 反

早在贞观十四年(640年)的时候,侯君集这颗朝堂上冉冉升起的明日将星的光彩就变得暗淡模糊起来。

贞观十三年(639年)的年底,高昌国王对大唐有不臣之举。李世民决定要好好教训一下这个骄横无礼的家伙,出征的主将则选定了侯君集。

说起来,这也是侯君集第一次以主帅之尊,独当一面出征作战。此前,他虽然曾立下无数战功,但那都是在李世民或其他人的指挥之下所赢得的荣誉。那个时候,他只能称得上是一位名将。

但现在,李世民要把他培养为一位大帅,使他能担当得起辅佐未来君王之重任。

正因为如此,李世民才请李靖好好培养他,教他兵法。贞观九年(635年)时,李世民特意安排侯君集作为李靖的副手一同出击吐谷浑。李世民这样做,是希望他能够在实际作战中尽得李靖的真传。

而李靖却始终不喜欢侯君集这个人。可想而知,侯君集也不喜欢李靖。

在侯君集奉命前去向李靖学习兵法的时候,他有一天回来向李世民抱怨:"李靖恐怕将来要造反!"

"喔? 何以见得?"

"李靖奉陛下旨意教我兵法,可凡是精深之处,他都瞒着不肯教我,可见是有异心了。"

听了侯君集这么说,李世民心里自然有点不太高兴。毕竟在李世民心中,对侯君集要比李靖更加亲近一些。不过,李靖向来是一个不爱招惹是非的人,对他这样的人什么事情也不必藏着掖着,最好是当面挑明。

于是,李世民招来李靖,将侯君集的话一五一十地转告给他。

　　李靖闻言倒也不慌张，他缓缓地说："我看，要造反的人是侯君集。为什么这么说呢？现在天下太平，我教给他的兵法已经足以制服四夷，可他仍不满足，这说明他心里另有打算！"

　　估计是侯君集告的这一黑状彻底惹火了老好人李靖，以至于在其后，李靖还不忘记找机会冷言冷语地摆他一道。又有一次，侯君集和李靖一道骑马回家，侯君集纵马跑过了家门之后才发觉。李靖见状语带双关地说："真不知道他心里都在想些什么不可告人的东西啊！"

　　那个时候，李世民倒并不怎么在意，光从李靖这些没头没脑的"预言"中，是没法判断出侯君集到底有没有造反念头的。你也完全可以说侯君集一心在想如何提高自己业务水平以至忘神，到了过家门而不入的地步，不是吗？所以李世民仅仅是把李靖的话当做他的牢骚而已。不过，也不能排除李靖在与侯君集打交道的过程中，确实发现了他心中按捺不住的勃勃野心，可是又无凭无据，只好借这种方式加以讽刺。

　　当然，李世民并不凭借这些只言片语作为评价衡量一个人的依据，他自有他的办法。

　　高昌之战结束后，已经是贞观十四年（640年）的年底了。侯君集趾高气扬地凯旋回京，然而等待他的不是荣耀和封赏，而是下诏狱！

　　大军还未班师时，前方的战报便不断呈奏到李世民的面前——在此次战役中，侯君集确实不负李世民所望，以政治手段和军事打击双管齐下的方式，干净利落扫平了高昌国。这可算得上是一场振奋人心的大捷！

　　然而，李世民并没有为此感到高兴。据奏报，在攻破高昌城时发生了大规模的抢劫掠夺行为，影响极为恶劣。而身为主帅的侯君集竟然无法弹压。他之所以管束不住下属，是因为是他带头抢占了大量的稀世珍宝。将士们眼见主帅如此贪婪，自然一个个也有样学样，终于搞得局面无法控制。

　　这个消息让李世民十分震怒！

　　纵兵大掠,在当初四处打天下的武德初年并不算太严重的罪行。然而,时至今日还带头做出这等行为,那就只能说明侯君集经过多年的历练,仍然缺乏作为一个元帅之才应有的修养——没有大局观,见利忘义,无法克制自己的行为。这样的人跟市井之徒有什么区别? 他又如何能承担得起未来李世民托付给他的重担?

　　盛怒之余,李世民作出了一个看上去十分过激的决定——将侯君集投入狱中,严加调查。

　　许多人都为之感到困惑。侯君集有过错是不假,然而他同样也立下了卓越的功勋。如今血战归来,等到的不是封赏,而是狱吏,这让他心里如何想得通呢?

　　没错,李世民知道这样的处罚对侯君集来说,可能是过于严厉了,但李世民必须要这样做。不为别的,只为他在李世民心目中的特殊地位。爱之深,责之切。李世民必须要尽快作出判断,这个人是否真的是未来军队势力代表的合适人选。

　　诸葛亮曾经撰写过一部叫做《将苑》的兵书,其中有专门提及如何选拔人才:世界上还有什么事能比真正了解一个人的本性更困难的呢。美和丑不一样,内心和外表也不一样,有的人外表温顺,可是内心奸诈,有的表现得像谦谦君子,可内心却是奸诈小人,还有的装得很勇敢,但是内心却胆小怕事,有的人看上去十分卖力,实际上却并不忠心。这段话足以说明看透人心是多么不易。不过,李世民自有七种可以识破人本心的方法:第一,在是非曲直之间观察他的志向,看他是否理想远大;第二,与其进行深入辩论,甚至不惜穷追猛打,借此观察他的临机应变能力如何;第三,向其咨询计谋,以了解他的谋略和见识;第四,故意告诉他即将大祸临头,借此观察他的胆量气度;第五,想办法用酒来灌醉他,看他会不会酒后无德,失志忘形;第六,用利禄来引诱试探他,看他会不会利欲熏心,为其所动;第七,跟他约定去完成一件事情,看他是否能做到诚信待人,言出必果。

在李世民看来,要真正认识一个人,必须要通过一些特殊的手段来了解这个人的真实品性。而最佳的办法,无疑是把他置于巨大的压力之下。

侯君集算是跟随李世民最久的人了吧,从秦王时代,他就一直在李世民的幕府中效力。然而即便如此,李世民也无法保证自己能够真的看清他,为什么? 一个人若是升迁到全新的岗位,换上了全新的身份,他往往会将自己性格中从来不为人知的一面尽数表现出来,这就是通常说的"得意忘形"。只有在极其巨大的压力面前,仍然不改自己初衷本心之人,才能够寄予重托。正所谓:"为将之道,当先治心,泰山崩于前而色不变,麋鹿兴于左而目不瞬,然后可以制利害,可以待敌。"为将如是,为政同样如是。

若侯君集在此次出乎意料的折辱面前可以深自砥砺、痛思前过,那还有机会成长为一代名将,可以托付大任。否则,就只能说明李世民确实错看了他。如果真是这样,就必须得尽早物色其他人选了。

就这样,侯君集在狱中待了一段时间。直到中书侍郎岑文本上奏为他求情道:"侯君集确实为国家立下大功,可是胜利凯旋还没有十天,就变成了阶下囚。这样处置恐怕不太合适……"

李世民才借此释放了侯君集。

然而,侯君集看上去并没有领会李世民的良苦用心,而是有着满腔的怨愤委屈。他心里想的,一定不是如何在今后痛改前非,进一步磨砺自己,而是想到自己一直以来,为李世民所立下的一件件汗马功劳。难道这就是皇上对自己的回报吗? 不公平,实在是太不公平了! 为什么像长孙无忌、房玄龄、魏徵这些人舒舒服服地待在京城,摇摇笔杆子,鼓鼓腮帮子,就能够得享高官厚禄,而自己辛辛苦苦在前方浴血奋战,等来的却是这样的结果!

在军中的叱咤风云是虚的,显赫军功也是虚的。要扬眉吐气,还是得向

更高的权位迈进。李世民今天羞辱了我,我又何必向他低声下气地认错悔过?我侯君集顶天立地,快意恩仇,才不会像房玄龄那样一辈子夹起尾巴做人,苟且地守在大唐的相位之上。

我要凭借自己的双手去夺取!

就这样,侯君集和李承乾的命运终于交织在一起。说起来,他们之所以最后有着同样的命运,是因为他们那近似的性格。

心怀怨望的侯君集开始寻找起了泄愤的机会,可是,满朝文武,谁能助自己一臂之力呢?

所谓同病才能相怜,侯君集这位官场失意者当然只能寻求与他相同命运者的帮助。

他首先把目光投向了张亮。

说起来,张亮也是秦王府当年的有功之臣,李世民曾委托他前往洛阳招纳英雄豪杰。后来此事被李元吉检举揭发,张亮被逮捕起来。他受尽严刑拷打,仍未曾吐露半个字,由此赢得了李世民的信任。

不过张亮这个人有点不学无术,表面上看起来忠厚老实,实际上却诡诈多变。他特别喜欢以当年夺嫡时的那一套秘密侦缉手段来管理行政,还因此博得了明察秋毫的美名。也正是因为这个特点,他曾经长时期担任御史大夫等职。贞观十七年(643年)二月,李世民因为他犯下的一些过错而免去了其太子詹事职务,外调为洛州都督。对此,张亮心中当然快活不起来。侯君集见状,自以为有机可乘,便用言语挑拨张亮道:"你这回外放,是受到谁的排挤呢?"

张亮没好气地回答:"你是吏部尚书,不是你还有谁呢?"

侯君集一听,立刻激动了起来:"怎么可能是我?我一举荡平高昌,功勋卓著,可皇上还如此对待我,我又怎么来排挤你呢!"愤激之下,他干脆连袖子也挽了起来，"实在是越想越憋闷，真是要憋死我了。你跟我命运一样，你想不想造反？若有这份胆量的话，咱们哥俩就一起干！"

张亮闻言，大吃一惊。要说他心里不痛快，那是肯定的。可是说到造反，张亮绝对没有这个胆子，也没有这个想法。估计张亮也看出侯君集这番话不像是随便说着玩的，为了避免有万一被牵连进去的可能，他借故敷衍走了侯君集之后，立刻跑到李世民那里去告状了。

听到张亮的密报后，李世民心里暗暗吃惊，可表面上仍然保持着镇定。李世民对张亮说道："你们两个都是朝廷的功臣，朕自然不能随便处置。再加上他对你说这些话的时候，身边没有其他人可以作旁证。要是朕真的审讯侯君集，你认为他会承认吗？这件事，朕既然知道了，就会将它处理妥当，你也不要张扬出去。"

看来，侯君集终究不是大器之才啊！从此，李世民便盯上了这个行事乖张的家伙，不过，表面上李世民依然不动声色。甚至在绘制凌烟阁功臣像的时候，李世民依然将侯君集列名于其中。这青史留名的凌烟阁二十四功臣像包括：长孙无忌、李孝恭、杜如晦、魏徵、房玄龄、高士廉、尉迟敬德、李靖、萧瑀、段志玄、刘弘基、屈突通、殷开山、柴绍、长孙顺德、张亮、侯君集、张公谨、程知节、虞世南、刘政会、唐俭、李世绩、秦叔宝。

要知道，此次绘像的意义可谓非比寻常。虽说搞功劳评定之类的活动以前也曾经有过好几次，然而那都是为了平衡朝堂上各派政治势力，很多时候，需要有意压制某些臣下，而抬高另外一些人。而凌烟阁功臣像呢？这一举措基本上不涉及现实政治安排，而是李世民心中对开创大唐基业，乃至贞观以来那些作出卓越贡献的大臣们的公正评点。能列名其中，自然算得上是莫大的荣耀。李世民这样对待侯君集，也是希望他能够有所悔悟，及时悬崖勒马。

不过，侯君集已经被怨望之火蒙蔽了心灵。李世民做得再多，也无法阻

拦住他报复的脚步。有一句老话讲："福至心灵，祸来神昧。"这印证在侯君集身上则是"心灵福至，神昧祸来"，侯君集心神已被蒙蔽，大祸自然很快就找到了他的头上。

这个祸祟的化身，就是侯君集的女婿——贺兰楚石。

落 幕

贺兰楚石,时任东宫千牛之职,也就是太子的高级保镖。保镖再高级,也只是代人"捉刀"之徒,贺兰楚石不甘心就这样不思进取地停留在一个保镖的岗位上,他有更高的追求。

然而,太子府的趋附之徒何其之多。没有两把刷子,是得不到太子的赏识的。不过,贺兰楚石胸有成竹——自己虽然没什么出彩的表现,但自己有一个出众的岳父,这就够了!

而关于他这位岳父经常愤懑不满的传闻,早就传到了李承乾的耳中。若能够争取这位在军中威名赫赫的大将军作护符,夺嫡之举岂不是易如反掌吗?因此,李承乾多次命贺兰楚石暗中将侯君集带入东宫,商讨保全自己的应对之策。侯君集闻得此言,真是大喜过望,立即向李承乾献媚道:"魏王如今深受宠爱,我实在担心前朝太子杨勇的悲剧再次发生在太子身上啊。要是皇上宣召你入宫,你一定要小心防备!"

话说到这份上,两人自然都对对方的打算心知肚明了。但是李承乾还觉得不保险,于是又用重金贿赂了掌管李世民宿卫工作的左屯卫中郎将李安俨,让他秘密探听李世民的一举一动。这个李安俨原本是李建成的旧部,还曾在玄武门之变中为李建成效死以战。李世民后来认为他是一个忠心耿耿的义士,故而不但对过去的事既往不咎,还委以重任。没想到,十几年过去,他却选择了以背叛来回报李世民对他的信任。即便是这样一个微不足道的小人物,同样与李承乾一样,刺伤了李世民的心。

这一头李承乾正在和侯君集日夜密谋的时候,李世民的第五个儿子,齐王李佑却在齐州先他们一步造起反来。

说起来,这个李佑可没有李承乾、侯君集那样的"雄心大志"。他造反,仅仅是因为不想再受气。

受谁的气?受权万纪的气。李世民本来是想把权万纪培养成朝堂之上的第二个杜淹。没想到,他这个人只有小才干,却成不了大气候。两次起用他,他都把朝堂搅得鸡飞狗跳,不能为群臣所容。

于是,李世民作了一个错误的决定——外放他为齐王长史,希望能借他这股子天不怕地不怕的二愣子精神为李世民好好调教一下成日荒淫无度的李佑。

没想到,他实在是太敬业了,敬业到让李佑恨他恨到牙痒痒的地步。

李佑不像房玄龄,能忍。李佑也不像魏徵,牙尖嘴利,一封奏折就可以骂得权万纪在朝堂上无容身之地。李佑解决问题的方式很简单粗暴——杀!杀了权万纪还不解气,干脆将他五马分尸,扔到厕所里。

泄出心头一股怨气之后,李佑开始感到害怕了:父皇派下来的人,是随便杀得的么?

后怕之余,他作出了第二个直接而冲动的举动——起兵造反!

贞观十七年(643年)三月初六,得知李佑反状的李世民命令兵部尚书李世绩统领怀、洛、汴、宋、潞、滑、济、郓、海九州兵马对李佑加以讨伐。李佑那群乌合之众如何是大唐名将李世绩大军的对手,覆顶之灾只在顷刻之间。

那头李佑惶恐不安,这边厢,李承乾却幸灾乐祸。他得意洋洋地对手下的死士纥干承基说道:"李佑愚妄,竟敢自取灭亡。从我的东宫西墙到父皇所居住的大内,才不过二十步远。我们要造起反来,比他方便多了!"

然而,李承乾万万想不到的是,李佑败亡之日,也是自己的密谋全面败露之时。还不到十天,李佑的叛乱就被镇压下去,经过严加审讯,竟然发现李佑与纥干承基还有着说不清道不明的关系。

纥干承基马上被逮捕起来投入了大理寺的监狱,等待着他的,将是最严厉的死刑。在打探了一番审理结果之后，李承乾略微松了口气，纥干承基所牵连到的，只是李佑谋反案，跟他这位太子毫无瓜葛。

然而，让李承乾想不到的是，纥干承基为了活命，竟然在狱中将自己的密谋和盘托出——他主动上书揭发太子谋反，以此来换取减刑。

对李承乾的所作所为，李世民心里不是没有数。然而听到这一奏报的时候，仍然如同五雷轰顶，李世民立刻下令逮捕了李承乾。四月初一，李世民又命长孙无忌、房玄龄、萧瑀、李世绩等元老重臣与大理寺、中书、门下两省会同审理此案。之所以选择他们，正是因为这些重臣们此前在太子、魏王党争中所表现出来的中立立场。李世民要一个公正的结果，不想有什么人借机暗害李承乾，也不想有人为他开脱。

很快，审讯结果便出来了——纥干承基的密告完全属实！贺兰楚石、侯君集等人也都被牵连其中。贺兰楚石为了自保，主动检举了自己的岳父。李世民将侯君集招来，质问他道："朕亲自审问你，是因为你功勋卓著。朕不想你受到刀笔吏的羞辱，希望你在朕面前能说实话。"侯君集自然矢口否认。李世民只好再将贺兰楚石招来当面与之对质，又将他与李承乾秘密往来的书信掷到其面前。侯君集见大势已去，这才俯首认罪。

五天之后，李世民颁下诏令：太子李承乾，废为庶民，幽囚于右领军府；赐李元昌在自家府邸自尽；侯君集、李安俨、赵节、杜荷等人处斩于市。就连杜如晦的大儿子杜构也被连坐，流放至岭南。说句题外话，就因为此次谋反案件，杜如晦的两个儿子一个被处斩，一个被流放，这使得李世民自觉非常对不住这位忠心耿耿的老部下，特意下令将来百年之后，无须杜如晦陪葬昭陵，以免相见于九泉之下时尴尬万分。

有人伤心，自然有人得意。洛州都督张亮因为检举侯君集有功，升任刑部尚书、参知政事，踏进了宰相行列。而那个最先出首的纥干承基也因为检举太子谋反案的缘故，不但免去了参与齐王李佑案的死罪，还被封为平棘县

公,外放担任佑川府折冲都尉一职。李世民其实不齿纥干承基的为人,然而为了鼓励这种自行出首的行为,才给予他县公的高爵。

至于侯君集,李世民曾在朝堂上当着一干大臣专门为其开脱,试图饶他一命。不过估计是侯君集平时过于骄横,人缘实在不好。再说,他罪证确凿,谁敢于为他求饶呢?见状,李世民沉痛地对侯君集说:"此后,只能在凌烟阁功臣像中再看到你了!"侯君集也叩头请死,涕泗横流。

早知今日,又何必当初呢?侯君集最终还是没能通过李世民的考验,成为一个真正的当世名将和朝廷的栋梁之才。可惜,可叹!

不过,事情还没有就此画上句号。当痛心不已的李世民再次当面见到李承乾这个不孝之子的时候,他已哭得像泪人一样。李世民不禁怒斥道:

"你何苦要做出这等事来?"

"父皇!原本儿臣在太子位上不敢得陇望蜀,只是因为李泰几次三番玩弄阴谋想要陷害我。儿臣惶恐之下,才向身边的人请教如何才能自保,没想到有些不逞之徒乘机鼓动儿臣犯上作乱。如今,儿臣无话可说。只是,假如父皇您真的要立李泰为太子的话,那就正好中了他的诡计了,儿臣死也不会心甘的!"

这话听上去沉痛,同时也不无为自己开脱之嫌。李世民心里清楚,李承乾之所以走到今天这个地步,自己和李泰都有不可推卸的责任。不过,若他自己善于持身,善为人,何至于最终弄得身败名裂,亲情泯灭呢!

而且,李承乾的辩解也涉及了一个非常敏感的问题——不管李世民是否宽贷李承乾,他这个太子之位肯定是保不住了。就算做老爹的不追究,朝堂百官和天下万民也无法接受由他来担任未来的皇帝。

那么,这个出缺的太子之位,又该由谁来继承呢?

这才是所有人真正关心的问题。当然,有一些人觉得,这个问题难道还有悬念吗?现成的候补太子人选不就活生生地摆在那里吗?论出身、论才干、论在李世民心目中的地位，谁还能超越李泰呢？

李泰心里自然也是这样想，所以太子谋反一事事发之后，表现得最为兴奋的，就要数他了。他三天两头地跑来李世民这里问安侍奉，打探口风，希望能够"趁热打铁"，一步登上太子的宝座。看上去，他这个梦想已经近在咫尺，只差最后的临门一脚便可以实现了。

而最终的结果让许多人都大感意外。当李泰再一次兴冲冲地前来朝见李世民的时候，发现一切都变了。他被宿卫军士拦了下来，在他惊疑不定的目光中，他的侍卫随从被解散了。尽管他强烈反对，宿卫军士依然照令将他带入北苑之中囚禁了起来。

不久，李世民以一道诏令向群臣解释了自己的这番做法："李泰是朕的爱子，然而假如朕立李泰为太子，那就是表示太子之位可以依靠钻营而获取。从今以后，凡是太子背德失道的，要废黜不用！凡是藩王起心夺位的，也要废黜不用！这一规定要世世代代传下去，作为后代的规矩。另外，假如李泰为太子的话，李承乾和李治都很难保全性命。只有改立李治为太子，所有的人才能相安无事。"

诏令下达之后，李承乾被流放到黔州。魏王李泰被贬封为东莱郡王，后来又改封为顺阳王，被安排到均州勋乡县居住。而从来就默默无闻的晋王李治却在众目睽睽之下被立为太子。数年来牵动许多人心弦的太子之争，竟然以这样一种谁也没有想到的结局落下了帷幕。

然而，其背后藏着很多人都想不到的隐情。这隐情，直接决定了大唐政局未来的走向。

第七章
以"囚徒"收场

无奈的选择

　　动荡摇摆了数年之久，最后的结果是原太子谋反不成，惨遭废黜。几乎同时，夺取太子之位的最大热门——李泰，也被逐出了权力的中枢，从此永无翻身的可能。而此前从来没有人看好的李治却成为最大的黑马。如此收场，可能是所有人在事前都料想不到的吧？

　　为什么李世民会做出这样的安排，有人结合魏王李泰在太子谋反一案前后的表现，和李世民在诏令中所透露的信息作出了这样的推测：当时对于继任太子的安排，岑文本和刘洎都上表主张立李泰，而长孙无忌却坚持要立晋王李治。听说此动态后，李泰急得扑到李世民怀里表诚心说："兄长承乾一直都想暗害儿臣，直到今天，儿臣才能安安心心地给父皇做儿子，这真是儿臣的重生之日啊！若陛下能传位于儿臣，儿臣必然不会像承乾那样狠毒刻薄，不顾兄弟之情。儿臣只有一个儿子，待得儿臣将来离世时，一定会杀掉自己的儿子，以便确保再将皇位传给儿臣的弟弟！"

　　李世民在听了李泰的这番表白之后，感动异常，对大臣们说："父子之情是人之大伦。李泰竟然能为了将皇位在将来传给自己的兄弟而这样做，真的是很让朕怜惜啊。"

不料,褚遂良当即反驳道:"自己的亲生儿子都不顾惜,还能指望他顾惜兄弟吗?陛下若是一定要立李泰为太子,请先为保全晋王李治想出万全之策。"

一语惊醒梦中人!

李泰听说此事后,便去恐吓李治:"你平时跟李元昌关系要好,现在李元昌犯了谋反罪,你恐怕也脱不了干系。"这一番话吓得涉世未深的李治终日愁眉不展,李世民看到李治的反常后感觉十分奇怪,再三询问才从李治口中得知了真相。联想起此前李承乾所说过的一番话,李世民不由得对李泰十分不满——设计兄长,恐吓亲弟。真的让他做了太子,一定会再次上演手足相残的惨剧。而大唐的江山社稷,也会因此而动荡不安。

此外,长孙无忌也利用自己的重臣和国戚身份,一再强劝李世民立李治为太子,甚至不惜夺下李世民的佩刀,以强迫的姿态使得李世民作出了最后的决定。

于是这才有了前面李世民所做的安排——李泰竹篮打水一场空,最不被人看好的李治反而成为了皇储。

以上是许多人都公认的说法。

事情真的这么简单吗?看上去,李世民似乎在亲情一次又一次的背叛冲击之下失去了理智与自持,甚至被自己儿子那幼稚可笑的说辞迷惑,被自己的臣下胁迫。不错,李世民是一个至情至性之人,从来不喜欢掩饰自己的喜怒哀乐。但是,李世民绝不会在作有关国家大计决定的时候,让情感冲昏理智。

之所以立李治为太子,有一个最为根本的考虑,那就是彻底粉碎朝堂上业已出现的朋党集团!

其实,朝堂上的党派之争,历来就有。从最开始的秦王党、太子党,再到贞观初期的关陇贵族集团、山东士族集团和江南文士集团等。党派的出现,有时候甚至是帝王故意造就的局面,以便更好地驾驭控制臣下。所以说在大多数时候,有朋党的存在实在是没有什么好大惊小怪的。

然而,这一次的局面却大为不同。李承乾和李泰都竞相结交朝士臣下,从文武大臣到勋戚贵胄,甚至一些无赖凶徒都各有投效,各为其主。在朝堂之上,竟然形成了三股势力。

原来朋党再多,他们所效忠的主人只有李世民一个,而现在,却变成了三个! 到了最后,总会决出一个胜负,否则,绝不会有安宁的日子。李承乾以自己的小集团筹谋向李世民下手,只能算是先走了一步。以李泰今天的声势和表现来看,很难说他未来不会效法李承乾的所作所为,再次向李世民发难。

连跟了李世民几十年的侯君集都倒了过去,指不定以后还有谁可能会在这种事关未来权力的赌博中把持不定,湿身下水呢! 李世民实在是不想整日小心谨慎地提防自己的儿子,提防自己过去的亲密重臣们。不管是太子党,还是魏王党,都不能继续在朝堂上存在下去了!

正是出于这样的考虑,即便是在太子之位已经尘埃落定之后,李世民仍然在朝堂上一次又一次地掀起人事风暴。

贞观十七年(643年)五月初八,原中书令杨师道被降职为吏部尚书,这是因为他在审讯李承乾的谋反案时,暗中为自己妻子前夫的儿子赵节开脱罪行,为人揭发出来。

两天后,李世民再次下诏,任命长孙无忌为太子太师、房玄龄为太子太傅、萧瑀为太保、李世绩为太子詹事,再一次搭建起了新的辅政大臣班子。另外,萧瑀和李世绩加同中书门下三品衔参议朝政,正式奠定了以"同中书门下三品"头衔作为宰相身份的制度惯例。

　　五月初四,李世民下诏解除李泰此前所担任的一切职务,降爵为东莱郡王。魏王府中凡是李泰的心腹亲信,尽数流放到岭南一带。为李泰出谋划策、奔走效力的韦挺被撤销原职,改任为专司礼仪祭祀的太常卿,而同样负责暗中接纳朝臣的杜楚客则被废为庶民,给事中崔仁师因为在私下请求李世民立李泰为太子被降职为鸿胪寺少卿。总之,原魏王党的人或流放,或免官,或贬职,受到了严厉的打击,从此土崩瓦解。

　　当然,对于太子党和魏王党的处置对待,李世民还是有所区别的。魏王一党的所作所为,虽存形迹,也就是一些小打小闹的胡折腾而已。而李承乾,最后差点闯出滔天大祸,故而李世民基本上是采取了杀鸡儆猴的态度,同时还给了像韦挺这样的策谋者以观后效的机会。果不其然,朝堂上许多倾心于魏王的中下层官员见状后都纷纷收敛行迹,改弦更张。不过李世民没有注意到的是,朝廷上诸王党争虽然告一段落,但此次立储之争带来的官场倾轧还将在未来持续下去。此乃后话了。

　　晋王的半路杀出,在根本上杜绝了诸王党争的可能。从出身上讲,在长孙皇后所留下的三个儿子中,晋王是唯一未曾被牵扯入任何党争的皇子,当然,这也跟他的年龄有关。李承乾被废之时,年已二十五岁,魏王李泰时年二十四岁,两人都是血气方刚、争强好胜的年龄。而晋王那个时候才不过十六岁,性格温和谦让,再加上两个兄长的强势表现,他压根不可能产生参与夺嫡的野心。而群臣中,也没有谁会愿意主动投附到丝毫不为人所看好的晋工门下。

　　为嫡母正妻所生;此前从未参与过党争,不至于受到妄人佞臣的挑拨怂恿;再加上秉性淳厚;最为重要的一点是,此时李治年龄尚小,如同一张白纸,正好可以由李世民亲自耳提面命地加以教导,告诉他如何才能扮演好一个皇帝的角色,想必不会再次出现像李承乾那样的遗憾吧。

美中不足的是,李治这个孩子什么都好,就是看上去过于软弱了一点,缺乏那种敢作敢为的魄力。不错,他是很善良,否则李世民也不会表态说只有立他才能保障两位兄长性命这样的话。只是,在君王的世界之中,善良仁厚并不代表全部。为了摸清群臣,特别是辅政大臣的想法,同时,也确实是因为李世民还有一点底气不足,所以才会在正式立储前上演了一场"痛苦自刎"的戏:

那一日,在两仪殿接见群臣之后,李世民单独留下长孙无忌、房玄龄与兵部尚书李世绩,在场的还有晋王李治。李世民心情沉重地对他们说道:"朕三个儿子一个弟弟,李承乾、李泰、李佑、李元昌,他们竟然背着朕干出这等好事来,朕实在是不想活了⋯⋯"

说到痛心处,李世民竟然扑到床上,抽出自己的佩刀就要刺向自己。这可不得了,长孙无忌等人都被吓了个七佛升天,赶紧一起扑上来夺下李世民手中的佩刀,转递给侍奉在一边、已经被吓呆了的晋王。紧接着,惊魂未定的大家追问李世民道:"陛下,伤心归伤心,可国不可一日无储君,您现在心里到底是怎么打算呢?"

沉思半天,李世民才缓缓说道:"朕准备立晋王为太子。"

长孙无忌立刻跪下大声呼喊:"谨奉诏,有异议者,臣请斩之!"

房玄龄、李世绩等愣了片刻,也急忙向李世民表态,一定誓死侍奉拥立晋王为太子,矢志不渝。李世民转过脸去,看着被这场面搞得战战兢兢的李治说道:"你舅舅已经答应要辅佐你了,还不快向他拜谢!"

李治虽然不明白到底是在演哪一出戏,不过倒也听话,赶紧朝长孙无忌下拜。李世民随即又趁热打铁说道:"诸位爱卿虽然赞同朕的想法,可不知外面的人会怎么评论啊!"

言外之意,李世民这个儿子平素里不显山不露水,性格稍显软弱,你们能不能保证他震得住场面?

　　长孙无忌叩头不止，一字一顿地说道："晋王仁慈孝顺，天下万民早就倾心于他。陛下若有疑问，臣祈求陛下召问文武百官，一定没有人持反对意见的。假如真有人反对，那就是臣辜负欺瞒陛下，情愿万死以报！"

　　此时的晋王不过是小小孩童，如何天下万民早就倾心于他了？朝堂上各人有各人的心思，又如何能保证大家都齐刷刷地打心眼里拥立李治？其实，长孙无忌这样说，无疑就是在向李世民表示，他愿一力辅佐李治坐好接班人之位，至死方休，即便是遇到再大的阻力，也在所不惜！

　　这个时候，长孙无忌隐匿多年的霸气第一次毫不掩饰地表现出来——他一个人便代表和压制了另外两位政界与军界的元老——房玄龄和李世绩，让他们简直没有置喙的机会。虽然说房玄龄和李世绩平素里并不是那种热衷权力功名的人，但看到长孙无忌如此激动的反应，大家心中或多或少都会有一些异样的感觉吧。

　　低调谦退了这么多年，长孙无忌此番终于要一改昔日给人的印象，意气风发地站到舞台前面来了。前路漫漫，是祸是福，他不愿知，也不愿问。那时候，他心中所想的，是如何全心全力地辅佐李治，将自己这十几年来在幕后对大唐政局的观察和思考转变为实实在在的治国理政之道，将自己的所有理想和抱负展露无遗。他要站在李治的身后，开创第二个"贞观盛世"！

托　孤

　　如果说长孙无忌一直以来都是晋王李治的忠实支持者,他所等待的就是把魏王拉下马这样一个机会的话,那就错怪了他。毕竟,李承乾、李泰和李治都是他的亲外甥。在李承乾还没有惹出任何麻烦的时候,长孙无忌一直老老实实地固守着自己幕后顾问的角色,绝没有越雷池半步。只是,李泰这个孩子过于恃才傲物,连自己的亲舅舅也不放在眼里,这彻底激怒了长孙无忌——想当初,我们跟你父皇打天下的时候,你这个小毛孩子还不知在什么地方呢。如今,你就凭写了一手漂亮文章,就凭你父皇对你的特殊宠爱,隔三差五地就搞出一些事端来,实在是太不懂事了!

　　在李承乾和李泰的矛盾日趋激化期间,长孙无忌和房玄龄等人一样,以中立的面孔出现。他之所以这样做,一来,是因为手心手背都是肉,李承乾和李泰都是自己的亲外甥,明目张胆地帮谁说话看上去都好像不太像话;二来,前面已经有魏徵、褚遂良等人冲锋在前,而李世民其实也一直没有认真考虑要易储;三来,自己的国戚身份敏感,不好直接站出来抛头露面。

　　然而,李承乾实在是太不争气,还没等对方动手,自己就这样荒唐地倒了下去。而这个时候的李世民,又确实有些囿于儿女情长的当局者迷姿态。长孙无忌知道,这个时候,他再不站出来是不行了。

　　若真让李泰上位,以他以前那些轻浮幼稚的举动,不知道会把元老重臣们摆到什么位置上去。那个时候,长孙无忌这些人就不光要向李泰低头,他们还将向魏王党那一干此前名不见经传的中下层官员低头。谁叫他们压对了宝呢?

　　这样的结果,无论是长孙无忌,还是房玄龄等人,都不愿看到。然而,也只有长孙无忌有这样大的魄力,在最关键的时候坚持自己的意见,甚至在外

人看来,颇有些胁迫李世民的意思,以至于很多人都把长孙无忌看做一个心机深沉、霸道强横的权臣。

其实,长孙无忌到后来喜欢弄权不假,有私心,这也不假。只是,他一辈子都深知道,他不管做什么,都只是为了维护和支持李世民的政策方向和考量。他无论怎么努力,都只能在李世民给他划定的框框内发挥自己的才干,至死不渝。

长孙无忌永远跳不出,也不愿跳出李世民给他定下的格局,这是李世民任命他为首席托孤大臣的原因,也是李世民对他的小算盘睁一只眼闭一只眼的原因。而长孙无忌正是因为同样看透了这一点,才敢于在关键时刻站出来主持大局,甚至不惜力排众议。上一次他带头阻挠世袭刺史的计划,在很大程度上也是出于这个缘由。那个时候,他就已经敏锐地看到,李承乾和李泰之争,迟早会在朝堂上带来极为可怕的政治地震,作为少数几个可以左右政局的人,他一定不能留下任何被排挤出权力中枢的可能性。就算死,也要坚守在这里,否则有朝一日必定会成为任凭他人摆弄的过气老朽。

终于,他等到了这个机会。

其实,长孙无忌和李治的相似之处在于,他们都长期游离于政局的日常运作安排之外。李治没有任何的权力基础,迄今为止,他在政治上都没有什么实际上的支持者或者朋友,当然,也不存在什么敌人。只有他,才可以继续维系朝堂上各派势力的平衡局面,不至于轻率地倒向任何一方。当然,李治所维系的这种平衡,是一种被动的稳定局面,跟李世民这十几年来主动造成的均势局面不能相提并论。但就大部分朝臣们来说,李治其实也是他们最能接受的选择,否则,就等着李泰来把朝堂上下搞个鸡飞狗跳吧。

在辅政大臣之中,长孙无忌这个人,跟房玄龄等人相比,更能让各方势力所接受。房玄龄虽然一辈子行事小心谨慎,然而他长期控制行政系统,也受到了许多人的嫉视,更不要说一直与他过不去的萧瑀了。至于李世绩,他作为军方势力的代表,要做的事就是在关键的时候以武力作为后盾,表示出对未来储君的效忠,李世民必然不可能让他过多地参与到政治事务之中。而萧瑀嘛,就更不用说了。

而长孙无忌,此前他长期担任三公的名誉性职位,从未插手日常行政事务,因而手底下也没有自己的一整套班底。至于军方,那更不是长孙无忌可以驾驭和影响得了的。这样一个人,于公于私来说,在李世民心里都是最为合适的人选。不用他,还能用谁呢?

至于长孙无忌是不是有自己的小算盘,是不是有自己的私心,李世民只能置之一笑。要知道,第一,揣测人心太困难,太费神;第二,人心如海,等闲之间便波澜万状。地位变了,时间变了,如何能保证一个人不改初衷,相从始终呢?

所以说,御人之道,要识人用人,更要造势布局。因为李世民此前的儿女情长已经给大唐政局平添了不少的波折变数,以后不能再出现这样的危险情况了。

当然,长孙无忌在朝堂之上并不是完全的孤立无援。他未来最忠实的政治盟友——褚遂良,此刻也已踌躇满志地做好了向前再迈进一步的准备。

褚遂良是魏徵所培养出来的后起之秀,最早就是由魏徵举荐给李世民的。魏徵坐镇门下省的时候,褚遂良便一直在门下省担任起居郎、黄门侍郎、谏议大夫。魏徵上表奏事,褚遂良一定会从旁大加附和。褚遂良若是有什么谏言,魏徵也往往会在一边敲边鼓帮腔。褚遂良应该说算得上是魏徵的嫡系。在太子和魏王之争中,正是这位褚遂良秉承着魏徵的意思,坚决抵制由李泰接替太子之位。

不过,李承乾和李泰双双被废黜之后,褚遂良的日子却很不好过。

首先,他的靠山魏徵病故了。

其次，他所力挺的李承乾干出了如此忤逆不孝的行为，这在谁的脸上，都是挂不住的事情。

更麻烦的是，魏徵当年所推荐的侯君集、杜正伦，还有跟魏徵私交不错的李安俨都卷入了李承乾谋反案件中，纷纷受到了严厉的处罚。后来更有人落井下石，打起魏徵这只死老虎来。这个时候的褚遂良，也已经敏感地察觉到，他目前的处境十分尴尬。

然而，褚遂良的聪明之处也在此刻展现了出来。在李承乾事败后，许多人都相信，未来一定是李泰的天下，而褚遂良却作出了一个看上去很冒险的决定：拼了命，也要把李泰拉下马！

而李泰此前那个拙劣的保证——"我将来，一定会杀死自己的儿子，保证将皇位传给我的弟弟"——也是被褚遂良给一针见血戳破的。

息事宁人、置身事外，见风转舵改向魏王示好，一不做二不休死硬到底。这三条路，褚遂良选择了最后一条路，同时也是看上去最有风险的一条路。然而，正是此举将他送上了未来朝政的中枢相位。

别看褚遂良从资历上讲要算晚一辈的人，他的政治历练却丰富得很。他父亲褚亮是李世民当年夺嫡斗争的直接参与人之一。而褚遂良呢，他那个时候也已经在秦王府中担任了铠曹参军这样的职位，官位虽不高，却对当年的各种机密内幕了如指掌。李世民即位之后，为了照顾朝堂上的各派势力，褚遂良跟其他秦王府中身份较不重要的部属一样，被冷冻了起来。一直到贞观十年（636年），褚遂良才开始担任品级不高，权力低微的起居郎职务。不过，正是这个不起眼的起居郎一职，给了褚遂良时时刻刻伴随在李世民身边的机会，而许多大事密谋，他自然会知道。天长日久，褚遂良和长孙无忌一样，对李世民、对朝局都产生了看不见的微妙影响。

辅政班底

李治被立为太子之后，有一点让很多大臣都表示不满，那就是他基本上不在东宫独立过日子，而是始终伴随在李世民身边。

这明显是不合乎传统制度的，褚遂良带头进言反对。理由是"男子十年，出就外傅"，说什么怕李世民的溺爱宠坏了年龄尚小的太子。不过后来他摸清了李世民的脉搏，提出了一个折中的办法：让太子每十天去东宫住一天，跟自己的师傅们交流。

为什么不放太子独处，很简单，李承乾之所以后来会变成那种脾性，正是因为李世民早年对他疏于管教，后来又过早地让他独立在东宫居住成长，结果才形成了天大的隔膜，以至于李世民到今天还追悔不已。

不管是带兵打仗，还是治国理政，乃至于教育子女，李世民都是边干边学，然而唯一失败的，就是这最后一项了。看来，从古代就传袭下来的让太子早早独居东宫的做法实在不是什么好主意。李世民要痛定思痛，摸索出一条自己的教育之道来。话又说回来，这一年来，李世民所疼爱的子女接连出事，李世民也不算年轻了，对长孙皇后留给他的这个小儿子格外舍不得放手，也应该是人之常情吧？

也正因为如此，李世民才刻意留下了《自鉴录》和《帝范》，随时随地，吃饭喝水都不忘对李治耳提面命地讲上一番为人君者的大道理。

孩子，朕能留给你的东西很多。朕将留给你一个震古烁今的大帝国，朕也将留给你一班才干卓著的文臣武将，但朕最想留给你的，还是这一番朕对你的谆谆教导，因为那是朕作为一个父亲的心血！

除任命长孙无忌、房玄龄和萧瑀为太子"三师"，李世绩为太子詹事之外，李世民前后还加入了一大批故旧和新贵辅佐太子。如左卫大将军李大

亮领右卫率;于志宁、马周为太子左庶子;吏部侍郎苏勖、中书舍人高季辅任太子右庶子;刑部侍郎张行成为少詹事;谏议大夫褚遂良为太子宾客。此外,李世民还十分重视将原来李承乾和李泰剩下来的班底融合到李治身边,他们虽然站错了队,然而才能不容小觑。为了能让他们今后安安心心地为李治效力,就必须得向他们释放出善意的信号——只要你们能忠心耿耿地为国尽忠,朕自然不会把你们流放到政治的边缘地带。

在这样的环境下,原来明确表态支持李泰的刘洎和岑文本等纷纷转变了自己的立场。尤其是刘洎还多次上书,为李治的培养和教育问题提意见,想办法。于是李世民特地钦点他和岑文本一道,与褚遂良、马周等人轮流到东宫辅佐太子。不过让刘洎没有想到的是,他的转向给自己埋下了祸患。当然,这是后话。

初看起来,李治既有李世民的宠爱,又有一干大臣死保,他的太子之位应该说是稳固无比。可让人想不到的是,贞观十七年(643 年)十一月,李世民竟然又流露出了想换太子的想法。

那一天,李世民私下招来长孙无忌道:"你常劝朕立李治为太子,可他看上去太懦弱了一点,朕担心他守不住江山社稷,这如何是好?朕看吴王李恪英明果敢,很有朕当年的风范,不如改立他为太子吧!"

长孙无忌自然是执意不从,叩头死谏。

李世民板下脸来,对长孙无忌道:"你反对朕这样做,不就因为李恪不是你的外甥吗!"

言下之意,别以为我不知道你心里打的什么小九九,我一清二楚着呢!

长孙无忌仍然不肯松口:"太子那不是懦弱,而是仁孝,这样才能成为真正的守成之君啊!再说,太子之位不是儿戏,怎么能换了一次又一次呢?"

看到长孙无忌态度如此强硬,李世民也就没再提要改换太子的想法。然而这一消息或多或少还是流传了出去,为了杜绝再次发生什么麻烦,李世

民特地招来李恪,严肃地对他说:

"父子乃是至亲,可你若是自恃身份触犯国法,那也没有人能救得了你。汉朝武帝时,本来已经拥立昭帝,燕王刘旦心中不服,准备谋反,被霍光以一封书信诛除。前车之鉴,你要引以为戒!"

言外之意,如今大位已定,纵使自己先前说过些什么不适当的话,那也已经是过去的事了,如今你可千万不要做什么非分之想啊!

然而,这件事所带来的政治后果不是李世民几句警告所能平息的。李世民自己也十分后悔,竟然在情况不稳的情况下多此一举,平添了许多麻烦。

说起来,李恪这个孩子,并不像很多人想的那样深得李世民的宠爱。他是李世民所有孩子中的老三,跟李承乾同年出生。那一年,他恰好二十五岁。他的母亲杨妃是李世民表叔杨广的女儿,前朝一个不太得宠的公主。李世民和杨妃的结合,更多的是带有一些安抚前朝贵族的政治意味,并非有多么深厚的感情。杨妃为李世民生下的两个孩子李恪、李愔,在众多庶子当中也并没有得到过什么出众的待遇。李恪小的时候因为气性太大,说好听一点,是李世民评价的"英明果敢",说不好听一点,颇有些天不怕地不怕的意味,故而在封地上屡次惹祸,不但数次被改换封地,还一度使李世民派出了权万纪前去监管他。

权万纪,对!就是那个喜欢管闲事,最后甚至把齐王李佑都给逼反了的权万纪。可想而知,被权万纪盯着的李恪,日子有多不好过了。

不过这样一来,李恪的脾气倒是收敛了很多,开始变得沉稳起来,但也谈不上有什么引人注目的地方,甚至连此前皇子坐镇地方顶着的"都督"头衔都被免掉了。如果不出什么意外的话,他本来应该老老实实做一辈子普通王爷到老的。

　　然而,因为李承乾、李泰等相继出事——李承乾在不久之后便死在了流放地,再加上这一两年中,长孙皇后所生的长乐公主和晋阳公主也相继病逝。特别是晋阳公主病逝后,李世民更是悲痛欲绝,甚至动不动便在群臣面前悲伤地流下眼泪。因此在这一段时间里,李世民时不时便会因为情绪起伏而做出一些欠考虑的事来。推倒自己为魏徵所题写的墓碑并悔婚便发生在这一时期。而再次动了改换接班人的念头,也跟他心绪不佳有着极为密切的关系,毕竟李治年纪太小,李世民实在是害怕他守不住自己辛苦打下来的江山。

　　只是,李治之外,李世民还能选谁呢?

　　想来想去,按年齿长幼排序,在众多庶子里,也只有李恪可以顶上了。他年长,为人处世都更加成熟一些。

　　不过,若是仔细想一想,李恪到底能比李治强出多少呢?他不也从来没有受过什么严格的政治训练和熏陶吗?此前在地方上的表现,更是乏善可陈,再加上缺乏强有力的家族亲戚为后援。真要让李恪坐皇位,还不知要惹出多少血雨腥风呢。

　　别的不说,单说被废黜的李治,将来他的生活怎么办?李恪会放心这位前太子吗?李恪又会放心曾辅佐过李治的一干重臣吗?别人先不说,作为李治至亲的长孙无忌首当其冲就不能置身事外。

　　也难怪长孙无忌激烈反对了。这个娄子,实在是捅不得啊。一旦捅破,窟窿将会比天还大!

　　李世民终于定下了心思,这个时候,已经是贞观十八年(644 年)的夏天了。

　　朝堂上弥漫着一种沉寂却又不安的气氛。

　　如今天下太平已久,要想整合人心,识拔人才,就需要将大家的目光投向外部。简而言之,李世民需要寻找一个敌人。

这个敌人,就是僻处东北一隅,却数次使隋炀帝铩羽而归的高句丽。

这绝对是一个不可小视的劲敌。常有儒生劝李世民,何必劳民伤财,重蹈隋炀帝的覆辙呢?难道不怕为此闹得海内沸腾吗?

然而,李世民却忘不了,当年雄踞北方的拓跋魏正是从塞外的一个小小部族起家,在短时间内便奇迹般地摧垮了当时不可一世的后燕帝国。

李世民以一个军人的敏锐直觉感受到,高句丽不灭,必为后患。太子柔弱,自己不能将祸患留给自己的子孙!

于是,贞观十八年(644 年)七月,李世民正式下达了亲征高句丽的圣旨!

最后的征讨

　　在下达圣旨之前,李世民已经广泛征求过群臣的意见。总的来说,朝堂上分为针锋相对的两派。房玄龄、褚遂良持反对意见。

　　然而,军方的声音却大不相同。特别是李世绩甚至还翻起了旧账:"当初薛延陀进犯大唐,魏徵就站出来阻拦陛下讨伐他们。结果呢?直到今天他们还为祸甚深,我们不能再犯当年的错误了!"

　　这个时候,李世民正生着魏徵的闷气呢,当即连声说:"对,正是如此!只是朕当时怕堵塞言路,才勉强听了他的话!"

　　褚遂良见状,当即哑口无言。谁都知道,他那时是魏徵的人。现在追究起了老上司的责任,自己还敢多说什么呢?此外,房玄龄也被堵了回去,因为当年劝谏的人中,也有房玄龄一个。李世绩倒是很聪明,没有直接点房玄龄的名,却敲山震虎,闹得房玄龄十分没趣。

　　于是,事情就这样定了下来,接下来便是紧锣密鼓的出征准备工作。为此,少不得又要进行一番人事调整。八月二十六日,李世民任命刘洎为侍中,原代理中书侍郎岑文本为中书令,太子左庶子、中书侍郎马周暂时代理中书令。九月,又任命谏议大夫褚遂良为黄门侍郎,参与朝政。这样,刘洎、岑文本、马周三人先后进入了宰相班子。

　　不久之后,李世民甚至准备将刚因为李泰的事受到贬斥的韦挺再度提拔起来,负责门下省事务。说起来,这也算是对武德末年李世民重组东宫系统之策略的再次模仿。只不过,这一想法在马周的强烈反对下不得不搁浅了。原来,马周以前做监察御史的时候,曾受到过韦挺的鄙薄和轻慢,如今已经贵为宰相的马周有了机会,自然要卡韦挺一把。可见,官场实在是一个瞬息万变的地方,凡是以意气或才干骄人的人,迟早都会遭遇到荆棘,甚至是死亡的威胁。相比起来,马周还算得上是厚道人了。房玄龄正是由于深谙这个道理才十数年如一日地低调做人。只是,此番被火速提拔上来的刘洎却没闹明白,很快,他便为此付出了代价。

与刘洎相比,刚刚做了中书令的岑文本要冷静得多,他升职后毫无喜悦之色,反而成日里忧心忡忡。其母问起缘由,岑文本担心地说:"我以前没有立过大功,又不是勋臣贵戚。突然被提拔到如此高位,不一定是好事呀!"

岑文本还有一点没有提及,那就是,他曾经属于魏王一系。如今虽然能得到皇帝信任,转为晋王效力,然而别的臣子真的容得下自己么?自己是否又能像魏徵那样有不可缺少的才干和好运气,在此起彼伏的攻讦中屹立不倒?

贞观十九年(645年)年初,准备工作一切就绪,征讨高句丽的大军正式开拔。临行前,李世民安排房玄龄全面代替自己处理朝中事务,一应政务有自行决断之权。之所以放心将整个大后方交给他,不但因为他这么多年的忠心不二,更因为此前李世民多次故意贬斥和罢免他的宰相职务,他都能够做到不动声色。可见他是真正能信得过的宰相之才,能够托付重任。正因为如此,后来有人密告房玄龄将会谋反作乱时,李世民竟然问也不问便下令将密告者腰斩示众,以安其心。这种信任,不是一两天所能得来的,而是长期培养磨砺出来的。反观侯君集,不禁让人为之叹惜!

此外,为了防止萧瑀继续给房玄龄添乱,李世民又以洛阳地处天下之中,位置重要为名,调萧瑀前去镇守。本来将萧瑀放在辅佐班子里是为了能够在将来起到互相制衡的效果,不过如今应对外敌,内部须得团结一致,不可再生波澜。

贞观十九年三月,大军开到定州(今河北省境内),李世民命太子留在这里监国,以高士廉代行太子太傅职责,以刘洎、马周、太子少詹事张行成、太

子右庶子高季辅等协助辅佐,参掌机要,而长孙无忌、岑文本和杨师道等会同李世民出征。老实说,李世民这样安排是煞费了一番苦心的。首先,从长安到洛阳,再到定州、前线,是一字长蛇阵。环环相扣,互相照应,可以有力地保证李世民不在国中之时,不至于出什么乱子,重蹈隋炀帝覆辙。其次,不把太子留在京城,而是放在离李世民最近的定州,一方面是想锻炼他,另一方面,也是怕若太子留守京城,一旦有不逞之徒乘机胁迫太子作乱,那便会造成极其严重的后果。

不过,这也说明李世民对于后方其实存在某种程度的忧虑。平素里大大咧咧惯了的刘泊却体察不到李世民的心情。临行前,李世民特意嘱咐刘泊说:"你辅佐太子,责任重大,国家安危都寄托在你身上了啊!"说起来,这不过是李世民勉励臣下的常见言词而已。刘泊受宠若惊,拍起了胸膛:"请陛下放心,要是有大臣胡作非为,我一定立刻诛杀他!"这番话不由得让李世民心里咯噔一下——要知道,在你上面还有高士廉,在高士廉上面还有我孩儿李治呢!你又有什么权力来随意行使生杀大权?这个刘泊看来不是能成大器的人啊!

然而军情紧迫,实在是没有时间来重做安排,以免造成不必要的猜疑和误会,李世民也只好带着满心的不高兴上路了。

此番出征,有一个人自始至终都伴随在李世民身边。这个人,就是长孙无忌。他除了已有的司徒和太子太师的头衔,如今又多了一重身份,那就是摄门下省侍中。

所谓摄,就是暂时代理的意思。先后担任过该职务的有高士廉、王珪、魏徵,还有那个不让李世民省心的刘泊。而如今,他们都不在身边,但制度还是要保证的,因此这个专司检查封驳皇帝诏命的差事,就落到了长孙无忌的肩上。当然李世民心里很清楚,不是特别要紧的大事,长孙无忌是绝对不会跟他唱反调的。这个安排,也能在非常时期尽量减少政令下达时的君臣摩擦。

当然,让他陪在李世民身边可不是用来做花瓶的。那么,李世民此时留长孙无忌在身边的用意何在?这可是让所有人都意想不到的"重用"!

在此番出征中,长孙无忌扮演了一个"总参谋长"的角色。其他的将领都是严格按照李世民的指示和命令行事,而长孙无忌呢,他大多数时间都在和李世民讨论战略谋划,颇有点运筹帷幄的风范。

然而,光是这样还不够。此前,在大唐统一天下的时候长孙无忌没打过什么仗,也没听说他曾为取胜出过什么像样主意,此番他却要领兵出征,独立作战了!

此前,李世民并不大看得起长孙无忌的军事才能,半年前,还曾说他"总兵攻战,非其所长"。然而这一回,却赶鸭子上架。李世民这样做有何用意呢?

无他,作为日后朝廷辅政的首席大臣,长孙无忌若是没有那么一星半点军功的话,就很难镇得住李世绩、薛万彻这一帮大小军头,那他也就成了一个跛脚首辅,不利于日后政局的平衡过渡。因此,在这场战役中,长孙无忌是来镀金的。

不过,光凭躲在帐篷里出几个主意可不够,这班军头有那么容易被糊弄吗?皇帝陛下久经战阵,一个没提刀上过战场的文人给他指手画脚出主意,能让人信服吗?要知道,贞观初年评点论功时,尉迟敬德那一干武将对排在功劳簿上的房玄龄等人就够不服气的了,不过,那时靠李世民的威望还压得住他们的不满。李世民以后不在了,谁来给这班文臣撑腰?武人的势力一大,局势便危险了。

看来光出出主意还不行,是骡子是马还得拉出来遛遛才知道。那么,拨给长孙无忌一队兵,让他到可有可无的地方晃上一圈,打几个无关紧要的敌

人,再抓几个俘虏,看来是最稳妥的办法了吧。

不行!还是那句话,大家都是聪明人,别指望玩小聪明能糊弄过去。

所以,长孙无忌这回不战则已,一亮相,就要打一场漂亮仗给大家看。

有人会问:陛下,您给长孙无忌的压力是不是太大了?让一个几乎没怎么上过战场的人一来就要打大仗、打漂亮仗,岂非强人所难?若他败了,如何是好?

李世民相信,人在压力面前会拿出自己的全部实力,才会成长得更快。李世民一直是这样要求自己,同时也是这样要求臣下的。只有顶得住朕给你的压力,才配接过朕给你的权力。

于是,这一次,长孙无忌和李世民都站在了巨大的压力面前——攻克高句丽重镇辽东之后,大军围困了安市城,高句丽集结十五万大军前来增援,而此时围城的唐军有多少?

只有三万!

此番出征的十万大军,除去四万水师,再去掉沿途留守分派的人马,就只剩这么点了。

面对五倍之众的敌军,李世民是这样安排的:先以小股部队扰袭,然后故意示弱。待找到敌人破绽之后,再出击。

李世绩领一万五千人为"正兵",吸引敌人前来攻打。

李世民领四千精锐为预备队,驻跸于山上,等待最后的时机发动总攻。

而长孙无忌呢,他则要率领万余人为"奇兵",绕过崎岖漫长的山地,自敌军后方突然出现,给敌人造成毁灭性的打击。

这是一次前所未有的巨大挑战:长孙无忌必须克服黑夜行军、地形崎岖等不利因素,顺利地把这一万人及时带领到部署之地。同时,他还必须自行判断,在最适合的时机下令发起攻击,晚了不行,早了也不行!

长孙无忌没有辜负李世民的期望,他顺利地完成了任务。当长孙无忌的军队在高句丽战阵后出现的那一刹那,敌军阵脚顿时陷入一片混乱之中。李世绩见状,不失时机地下达了总攻击的命令,敌军立刻土崩瓦解,溃不成军。

这一仗最后的结局是,高句丽十五万大军全军覆没,大唐大获全胜。

长孙无忌用实绩向众位将军证明:我长孙无忌,在你们军人面前,完全是有实力说得上话的!你们以后还敢小看我吗?

比起另一位也担任领军大将之职,见到敌军竟然被吓得动弹不得的家伙——张亮,长孙无忌赢得了大部分将领的敬佩。

遗　言

不过，安市城之战虽成就了长孙无忌，但这次征战却没有让李世民续写他的战场神话。高句丽这块硬骨头并不好啃，随着战况胶着，唐军伤亡越来越大，时间一长，后勤供应也出现了困难。

此前，李世民曾将后勤一应事务全部委托给岑文本管理。岑文本为此昼夜不休，事事亲历亲为，最后心力交瘁，言辞举止也逐渐变得迟钝起来。李世民见此状颇为担心，对身边人讲："文本这次同朕一起来，怕是不能和朕一起回去了。"果然，大军才过幽州，岑文本就突然离世。不得已之下，李世民只好从定州召来许敬宗接替了岑文本的工作。

说起来，岑文本也实在是可惜。作为一个此前因站队问题犯过"错误"，在朝中又没有后盾党援的大臣，他知道，李世民之所以将自己提拔到高位，一定是对他的能力寄予了极高的希望。要想在朝堂上站住脚，就只有拿自己的这条命去拼了。

由此也可以看出，在这场战争中，李世民军所面对的压力达到了何种程度。贞观十九年（645年）九月十八日，天气渐凉，军粮也即将告罄，李世民只好下令班师。万般无奈之下，李世民懊悔地说："假如魏徵还活着，他一定不会让朕出征的。"国有难而思良臣，李世民立刻派人连夜启程赶回长安，以猪羊祭祀魏徵，并重新树起那块两年前被自己砸坏的石碑。

十二月初七，李世民带上太子，从定州返回长安。因为连日来的征战和旅途劳累，再加上此次劳师远征无功而返，李世民心情十分郁闷，在班师途中背上竟然长出了痈疽。病痛之中，李世民不禁长叹一声："英雄老矣！"李世民这一次的病痛来势汹汹，对自己的身体状况李世民心里很清楚，看来，必须得加紧安排身后事了。

李世民病后,刘洎和马周前来探望。出来之后,刚好在门口遇到褚遂良。褚遂良向刘洎询问李世民的病情,刘洎面露愁容地说:"病得厉害,让人担忧啊!"

胸无城府的刘洎不知道,这一句话竟会成为要了自己命的导火索。褚遂良立刻向李世民密告:"刘洎此前经常宣扬只要有他在,朝廷大事不足忧虑,他将效仿伊尹、霍光来辅佐太子,诛杀不言听计从的大臣。如今又四处宣扬陛下病势沉重,不禁让人对其用意感到疑惑不已。"

实际上,褚遂良跟刘洎早有矛盾。刘洎因为此前拥立李泰的事已经成了长孙无忌和褚遂良心中防范的对象。他后来又在担任尚书左丞之时大刀阔斧地改革人事,清理积弊,这也影响了长孙无忌在朝中的人事布局。如今抓住这个机会,褚遂良怎么能不赶紧动手,搬掉面前这块石头呢?

李世民也确实不放心这个心高气傲,又太过于独断专行的刘洎。褚遂良的言词虽然十分夸大——后来李世民找来马周对质,马周一口咬定绝无此事。然而也清楚地说明,刘洎绝对是未来政局中的一个不安定因素。就算他不至于胡来,也很有可能会授人以柄,带来不必要的麻烦。

病重之际的李世民行事难免会有失偏颇,最终的处理结果是刘洎被下诏处死。这个结果对他来说,是过分严厉了一点。不过,政治斗争就是这样残酷,李世民不能给自己的儿子留下一点点可能的隐患。

至于褚遂良,确实是官场上异军突起的一匹黑马。他跟魏徵一样,都是靠直言敢谏确立自己地位的。比如封禅问题、皇子待遇和太子问题等,几乎每一件大事都有他的身影。然而跟他的老师魏徵不一样,他敢谏,但并不固执己见,甚至在谏中有捧,总是能在标榜了自己的才干胆识之后,又哄得李世民开心不已。这正是他在官场异军突起的手段。

当然,只凭这样,褚遂良也只不过做到一个亲信侍从的位置而已。要在

官场上走得更远，就必须在李世民之外找到自己可以依靠的力量。这个力量，就是长孙无忌。褚遂良在长孙无忌还没有被选为辅政大臣之前，就聪明地看出了苗头，并刻意与之结交。有了长孙无忌的保护加持，褚遂良自然能在朝堂上顺风顺水，顺利跻身为"实力派"之一。

这不是李世民最为忌讳的行为吗？为何李世民在暮年之际，会对此放任不管呢？

很简单，褚遂良有才气，有心计，却没有格局。

他的野心虽然不小，但也实在是有限。李世民此前已经看出来了，他永远也跨不过长孙无忌这道门槛。换句话说，这两个人的组合，倒是朝堂上十分稳定的一道安全阀。权力往往会激发出人的独占欲望，这是无法避免的事实，但长孙无忌和褚遂良是相对来说李世民可以找到的最适合人选。此时房玄龄年事已高，处理政事起来力不从心，朝堂之上一时也实在是没有人能比此二人对李世民更为忠心，关系更为深厚的了。

贞观二十年（646年）三月初七，李世民终于回到了京城，也了解了这么久以来的京中情况。让李世民恼火的是，萧瑀还是和房玄龄明里暗里闹得不可开交。一怒之下，李世民借着萧瑀宣称要出家，结果出尔反尔的当口，狠狠地讽刺了他一番。不过，另一大功臣，刑部尚书张亮可就没那么好运气了。有人检举他私自豢养了五百义子作为死士，还曾经对巫师公孙常自夸："我的名字暗合'有弓长之君当别都'的图谶，一定能够成就大事！"于是，李世民命马周等人严查张亮，最后定为死罪，处斩于西市。

诛杀张亮，很大程度上也是因为李世民素来知道，这个人秉性狡猾善变，处理不好，将来就有可能卷进什么密谋政变当中去，李世民不能把任何一个不稳定因素留给未来的储君李治。不过，张亮之死似乎并没有让萧瑀认清形势，他仍然一如既往地跟房玄龄吵，跟同僚吵，甚至跟李世民也闹起了脾气。后来李世民干脆将其贬为商州刺史,免除其封爵,逐出了未来辅政大臣的班底。虽然第二年,萧瑀又被封为宋国公、金紫光禄大夫,然而在未来的政局安排中已经没有他的一席之地了。

同时,房玄龄也因小过被李世民逐回家中闭门思过。不过,他的人缘毕竟比萧瑀好得多,朝臣纷纷上奏为其求情,尤其是褚遂良更是卖力。于是不久之后,李世民又重新启用房玄龄,命他继续执政并辅佐太子。

此后,李世民的身体每况愈下,他想到,该是考虑后事的时候了。贞观二十二年(648年)的正月,李世民命令长孙无忌代理中书令,同时掌管尚书、门下两省事务。这是大唐开国以来,政务的决策、监督和执行权力头一次集中到一个大臣手里。恐怕也只有长孙无忌才有资格领受李世民如此的信任。也只有他,才有这个能力承担起过渡时期的总协调工作。不到半年之后,为相二十多年的房玄龄因为病重,先李世民一步告别了人世。

与此同时,正当盛年的宰相马周也因病离世。死前,马周将自己此前的进谏奏折全部亲手烧毁,挣扎着说道:"管仲、晏婴为了追求身后之名,不惜把君主的过错展示在天下人面前,我不能效仿他们。"马周的这一举动,与当初的魏徵有着天壤之别,自然让李世民十分欣慰,故而才能在死后极尽哀荣。

房玄龄走了,马周走了。这些重量级人物接二连三地从李世民安排的辅政班子中消失,不由得使李世民忧心忡忡。为了巩固这个好不容易建立起来的局面,李世民以太子的名义任命黄门侍郎褚遂良为中书令。此前,他虽然受到重用,但名位一直不显,这也是李世民在有意地压抑他,磨砺他。直到现在,李世民才给了他执掌正式权力的名分。

不过,受李世民的恩,跟受太子的恩毕竟不是一回事,所以李世民才要通过太子之手来下达这道诏命。

除此之外,军方的布置还没有安排妥帖,因为担心这一点,李世民甚至对太子直言不讳地说道:"李世绩军功卓著,才干非凡。但你素来于他无恩,恐怕难以驾驭他。朕现在将他降职使用,倘若他流露出一丁点的怨望犹豫之意,朕便立刻除掉他。假如他能毫不耽搁地接受调遣,等朕死后,你就要重新重用他,视他为亲信!"

不久,李世绩便接到了免去宰相职务、外调叠州都督的圣旨。受命之日,李世绩二话不说,连家都没回便整装上路了。他的这一举动也让李世民宽心了许多。早在此前,李世民便多次刻意市恩于他,相信今后,他也一定会忠心耿耿地继续替太子效力吧。

在做完这一切安排之后,贞观二十三年(649 年)五月二十六日,李世民的病势已经到了无力回天的地步。于是,李世民强撑病体,在太子面前紧急召来了长孙无忌、褚遂良。看来,到了托孤的时候了。

望着跪伏在御榻前,一脸焦虑悲痛的三人,李世民强打精神,对太子说道:"有无忌、遂良辅佐你左右,你不用担忧大唐江山!"

说完这句话,李世民还不放心,又挣扎着转向褚遂良道:"无忌为朕立下大功,竭诚尽忠,朕死之后,你一定要防止有小人进谗言,离间了他们甥舅之间的关系。"而在此前,李世民还曾经嘱咐太子道:"朕死之后,你一定要保护好长孙无忌,不要让别人借机陷害他!"

听上去,竟不像是李世民在向长孙无忌和褚遂良托孤太子,反倒像李世民在向太子和褚遂良托孤长孙无忌了。岂非咄咄怪事?其实,李世民心里最清楚,只有保证太子和这两位重臣之间关系的稳定,整个朝局、整个江山社稷才能稳定。而在这三角关系中,长孙无忌有敢作敢为的魄力,在将来一定会流于独断专行的毛病,再加上他是太子的亲舅舅,难免会摆出倚老卖老的架势。若是将来朝中发生问题,一定归咎于长孙无忌身上。

正因为如此,李世民才会认为,长孙无忌始终只能是一个过渡性的人物。他的能力若是稍微弱那么一点,李世民不会放心将托孤首辅的重任交给他;他的能力若是稍微强那么一点,李世民更不会放心将这个重任交给他。太子总有一天会在长孙无忌的卵翼下成长起来,成为一个真正的君主。

只是,到那个时候,他们两人必不可免会产生严重的冲突。长孙无忌若不能认清形势,必然会成为权力斗争的牺牲者。早年的长孙无忌一向以善避嫌疑,知道进退而著称,可是,在尝到了权力的丰美果实之后,他还能重新做回当年那个长孙无忌吗?

回不去了,大家都回不去了。长孙无忌已不再是当初太原高家的那个翩翩少年,李世民也不再是那个意气风发、天不怕地不怕的李家二郎了。贞观之治的辉煌,并没有随着李世民走到尽头。未来的路,还得靠新君辅臣继续走下去。而我李世民,辛劳一生,用尽心机,所能做到的,所能留下的,就全数交托给你们了。

终于,李世民缓缓地合上了眼睛。

图书在版编目（CIP）数据

盛世囚徒李世民／吴晶著. —杭州:浙江大学出版社，
2013.11
　ISBN 978-7-308-12179-8

　Ⅰ.①盛… Ⅱ.①吴… Ⅲ.①李世民(599～649)—
传记—通俗读物 Ⅳ.①K827＝421

　中国版本图书馆 CIP 数据核字（2013）第 202498 号

盛世囚徒李世民

吴　晶　著

策 划 者	蓝狮子财经出版中心
责任编辑	陈丽霞
文字编辑	卢　川
出版发行	浙江大学出版社
	（杭州市天目山路 148 号　邮政编码 310007）
	（网址：http://www.zjupress.com）
排　　版	杭州中大图文设计有限公司
印　　刷	浙江印刷集团有限公司
开　　本	710mm×1000mm　1/16
印　　张	15.75
字　　数	202 千
版 印 次	2013 年 11 月第 1 版　2013 年 11 月第 1 次印刷
书　　号	ISBN 978-7-308-12179-8
定　　价	36.00 元

版权所有　翻印必究　印装差错　负责调换

浙江大学出版社发行部联系方式：0571-88925591；http://zjdxcbs.tmall.com